Vente des 30 et 31 Mai 1888

(SALLE SILVESTRE)

CATALOGUE

DE

LIVRES A FIGURES

(XVe-XVIIIe SIÈCLES)

LA PLUPART GRAVÉES SUR BOIS

COMPOSANT LA

BIBLIOTHÈQUE DE FEU M. AUGUSTE PERRODIN

ARTISTE-PEINTRE

Auteur des fresques de la Chapelle de la Vierge à Notre-Dame-de-Paris,
de l'église Saint-Hilaire à Rouen,
de celles de Beaugency, Noisy-le-Sec, etc.

Ouvrages de Théologie
Sciences et Arts — Beaux-Arts — Trouvères français
Poètes italiens
Emblèmes — Chroniques — Archéologie, etc.

PARIS

LABITTE, ÉM. PAUL ET CIE

LIBRAIRES DE LA BIBLIOTHÈQUE NATIONALE

4, RUE DE LILLE, 4

1888

DER WEISS KUNIG

TABLEAU DES PRINCIPAUX ÉVÉNEMENTS

DE LA VIE ET DU RÈGNE DE L'EMPEREUR MAXIMILIEN Ier

PAR

MARC TREITZSAURWEIN

Gravures sur bois exécutées d'après les dessins de HANS BURGMAIR. Huit planches manquant dans les éditions de 1775 et 1799, copiées par JOHANNES SCHRATT et publiées par EDWIN TROSS. In-folio, 8 planches avec explications, broché. Prix. . . . . **8** fr. *au lieu de* **15** fr.

Ouvrage tiré à très petit nombre; les planches ont été effacées.

VIATOR DE ARTIFICIALI PERSPECTIVA

PINCEAUX, BURINS, ACUILLES, LICES, PIERRES, BOIS

MÉTAULX, ARTIFICES

Impressio Tulli, anno 1509. Salerti opera Petri Jacobi presbyteri in cole pagi Sancti Nicolai.

In-fol. goth. cart. toile, non rogné, et une notice historique et biographique, par ANATOLE DE MONTAIGLON. — Prix. . . . . **25** fr.

Reproduction (à l'exception de la Notice en caractères mobiles) par le procédé de M. Pilinski. Cet ouvrage est remarquable par les belles gravures dont il est orné. C'est le premier livre français qui ait paru sur les arts du dessin et de la perspective.

LA DANSE DES NOCES

PAR

HANS SCHEUFELEIN

Reproduite par JOHANNES SCHRATT

Avec une notice biographique par le docteur ANDRESEN

Paris, 1865. In-folio, papier teinté, cartonné en toile à l'anglaise. — Prix. . . . **20** fr.

Cette danse, une des meilleures productions xylographiques de la première moitié du XVIe siècle, a été exécutée vers 1530. — Très belle publication ornée de 21 gravures.

Paris. — Typographie Georges Chamerot, 19, rue des Saints-Pères. — 22778

LA VENTE AURA LIEU

Les Mercredi 30 et Jeudi 31 Mai 1888

A huit heures du soir

RUE DES BONS-ENFANTS, 28 (MAISON SILVESTRE)

SALLE N° 1

Par le Ministère de Mᵉ **HENRI LECHAT**, Commissaire-Priseur

6, RUE BAUDIN

Et Mᵉ **LÉON TUAL**, Commissaire-Priseur

56, RUE DE LA VICTOIRE

Assistés de **M. ÉM. PAUL**, libraire-expert

4, RUE DE LILLE

ORDRE DES VACATIONS

		Numéros.
PREMIÈRE VACATION.	— *Mercredi* 30 mai 1888. . . .	74 à 224
— —	— — —	1 à 73
DEUXIÈME VACATION.	— *Jeudi* 31 mai.	225 à 382

LIVRES EN LOTS

CONDITIONS DE LA VENTE

La vente se fait expressément au comptant.

Les acquéreurs payeront 5 p. 100 en sus des enchères, applicables aux frais.

Il y aura exposition chaque jour de vente, de 2 à 4 heures.

Les livres devront être collationnés dans les vingt-quatre heures de l'adjudication. *Ils ne seront repris que s'ils sont incomplets ou atteints de déchirures enlevant une partie du texte.*

M. Éм. PAUL, chargé de la vente, remplira les commissions des personnes qui ne pourraient y assister.

CATALOGUE

DE

LIVRES A FIGURES

(XVe-XVIIIe SIÈCLES)

LA PLUPART GRAVÉES SUR BOIS

COMPOSANT LA

BIBLIOTHÈQUE DE FEU M. AUGUSTE PERRODIN

ARTISTE-PEINTRE

Auteur des fresques de la Chapelle de la Vierge à Notre-Dame-de-Paris,
de l'église Saint-Hilaire à Rouen,
de celles de Beaugency, Noisy-le-Sec, etc.

Ouvrages de théologie
Sciences et Arts — Beaux-Arts — Trouvères français
Poëtes italiens
Emblêmes — Chroniques — Archéologie, etc.

PARIS

LABITTE, ÉM. PAUL ET Cie

LIBRAIRES DE LA BIBLIOTHÈQUE NATIONALE

4, RUE DE LILLE, 4

1888

CATALOGUE

DE

LIVRES A FIGURES

(XVe-XVIIIe SIÈCLES

LA PLUPART GRAVÉES SUR BOIS

COMPOSANT LA

BIBLIOTHÈQUE DE FEU M. AUGUSTE PERRODIN

ARTISTE-PEINTRE

THÉOLOGIE

1. BIBLIA cum summariis, concordantiis || divisionibus : et quatuor reptoriis pre||positis, numeri foliorum distinctione. || Terse et fideliter impressa. *Venundãtur, Lugduñ ab || Stephano Gueynard prope || sanctũ Anthonium, s.d.* pet. in-fol. goth. à 2 col. de 16 ff. prél. 382 ff. chiff. et 21 ff. non chiff. ais de bois, recouverts de bas. ant.

Édition non citée.

Exemplaire incomplet de quelques ff. remplacés par des ff. manuscrits.

Mouillures, piqûres de vers, raccommodages.

2. Biblia sacra, ex postremis doctorum vigiliis, ad Hebraicam veritate et probatiss. exemplariũ fidem, cum Hebraicorum nominum interpretatione. *Lugduni, apud Guliel. Rouilium*, 1563, fort vol. in-8 à 2 col. titre avec encadrement et nombreuses vignettes sur bois, ais de bois recouverts de peau de truie avec comp.

3. Biblia sacra. Ad veritatem hebraïcam, et probatissimorum

exemplarium fidem summa diligentia castigata : Cum figuris et descriptionibus etiam chorographicis, quibus variorum ædificiorum ac operum structuræ, atque regiones ob omnium oculos ponuntur. Accesserunt præterea, hebraicorum, chaldeorum, græcorum nominum interpretationes et copiosissimi indices. *Lugduni, apud Barth. Vincentium*, 1568, in-8 à 2 col. fig. et cartes gr. sur bois, bas.

Mouillures et taches.

4. Biblia sacra vulgatæ editionis Sixti Quinti Pont. Max. jussu recognita atque edita. *Venetiis, apud Evangelistam Deuchinum, et Jo. Baptistam Pulciani socios*, 1608, in-fol. à 2 col. vignettes sur bois, v. brun ant.

5. La Sainte Bible contenant le Vieil et le Nouveau Testament traduicte de latin en françois et approuvée par les Théologiens de Louvain. *A Paris, chez Gabr. Buon*, 1586, in-fol. à 2 col. fig. sur bois, v. brun ant.

6. Biblia das ist die ganze heylige Schrifft teutsch. D. Mart. Lut. Sampt einem Register und schönen Figuren. (A la fin :) *Getruckt zu Franckfurt am Mayn, durch David Zephelium, Johann Raschen unnd Sigmund Feyerabend, im Iar unserer Erlösung Tausent Funffhundert unnd Sechzig* (1560), 2 tomes en 1 vol. in-fol. goth. fig. sur bois, ais de bois recouverts de peau de truie avec comp. à froid. (*Rel. de l'époque.*)

Les figures sur bois de cette Bible sont de Virgile Solis.

7. Novum Testamentum latine. *S. l. n. d.* 2 parties en 1 vol. in-16, fig. sur bois, vél.

Édition du XVIe siècle. Les figures portent la marque I. F. (Jean Ferlato ?)

Le titre manque. Mouillures, taches et raccommodages.

8. Jesu Christi Vita, iuxta quatuor Evangelistarū enarrationes, artificio graphices perquam elegāter picta, una cum totius Evangelii ac Epistolis. (A la fin :) *Antuerpiæ, ex officina Matthæi Crommii*, 1541, in-8, fig. sur bois, v. ant. gran.

9. Della Vita di Christo Libri dieci ne' quali, discorrendosi intorno le Profetie dell' Auvenimento di lui, si arriva alla salute della humana generatione laquale egli ricupero dalla morte con la morte propria. Ornati di molte et vaghe figure per abbellimento dell'opera, et todis fattione di coloro, che si dilettono di cosi utile et fruttuosa fatica, di

Teofilo Folengo. *In Venetia*, 1578, pet. in-8, fig. sur bois à mi-page, vélin.

Édition rare, non citée.

10. Bibliorum utriusque Testamenti icones summo artificio expressæ, historias sacras ad vivum exhibentes, et oculis summa cum gratia repræsentantes : adeoque doctis et venustis carminibus exornatæ (a Conr. Weiss), ut pius lector vere sacrorum hic Emblematum thesaurum possit agnoscere. In omnium qui pietatis et literarum amantes sunt, gratiam, per candidum studiosorum fautorem in lucem nunc primum æditæ (a Ph. Lonicero). *Francofurti ad Mœn. apud Georg. Corvinum*, 1571, pet. in-8, fig. sur bois, v. ant.

Premier tirage des figures de Jost Amman.

Titre raccommodé; déchirure au feuillet G3; 4 ff. manquent.

11. Figures de la Bible déclarées par stances, par G. C. T. (Gabriel Chapuis, Tourangeau). Augmentées de grand nombre de figures aux actes des Apostres. *A Lyon, par Est. Michel*, 1582, 2 parties en 1 vol. pet. in-8, fig. sur bois à mi-page, mar. r. dos orné, fil. tr. dor. (*Padeloup*.)

Ouvrage orné des figures de J. Moni d'après celles de Bernard Salomon.

Titre doublé; taches.

12. Quadrins historiques de la Bible de M. Claude Paradin. *S.l.n.d.* in-8, fig. sur bois, bas.

Exemplaire taché, mouillé et incomplet du titre, de la fin de l'ouvrage et d'un grand nombre de feuillets.

13. LIVRE D'HEURES en latin. In-8, mar. noir, dos orné, comp. et fil. dor. tr. dor.

Manuscrit de la fin du xve siècle sur vélin, comprenant 82 ff., orné de 6 grandes miniatures et de 13 petites, représentant des scènes de l'Ancien et du Nouveau Testament, et de nombreuses lettres majuscules de diverses dimensions, en or sur fond de couleur.

Les grandes miniatures mesurent de 6 cent. et demi à 9 cent. et demi de hauteur sur 6 à 8 cent. de largeur et sont encadrées dans une riche bordure; les pages qui contiennent les petites miniatures (hauteur de 5 cent. et demi à 6 cent. largeur 4 cent. et demi) ont un montant de bordure dans la marge extérieure.

Calendrier en français. Manuscrit bien conservé, sauf quelques miniatures légèrement effacées.

Hauteur du volume : 184 mill.

14. HORÆ BEATE MARIE VIRGINIS secundum usum Roma || num cum illius miraculis una cũ figuris apocalipsis post || biblie figuras recenter insertis. *Simon Vostre* (Almanach

de 1508 à 1528), in-8, goth. de 92 ff. sign. a-l par 8, m par 4, fig. mar. grenat, coins ornés, dent. int. tr. dor.

Édition rare, ornée de 16 grandes planches, plus l'homme anatomique. Les bordures sont très variées et renferment l'*histoire de Joseph*; l'*Apocalypse*: l'*histoire de la Vierge et du Christ*: l'*Enfant prodigue*; *Suzanne*; les *Quinze signes*: la *Danse des morts*; les *Sibylles*; le *Triomphe de César*; les *Vertus théologales*; les *Miracles de Notre-Dame*, des scènes de chasse et des champs, des arabesques et des grotesques, etc.

Initiales et bouts de lignes en or et en couleur.

Premiers feuillets jaunis, quelques notes à l'encre dans le texte.

Exemplaire en PEAU DE VÉLIN.

15. Incipiunt hore gloriose virginis Marie || scdm̃ consuetudinem ecclesie romane. *S.l.n.d.* in-8, goth. impr. en r. et noir, fig. sur bois, encadrements, cart.

Fragments d'un livres d'heures du XVIe siècle. Les figures et les encadrements sont coloriés.

16. Missale romanum ex decreto sacrosancti concilii Tridentini restitutum, Pii Quinti Pontificis Maximi jussu editum et Clementis Octavi auctoritate recognitum. *Venetiis*, 1604, in-fol. à 2 col. impression rouge et noire, bas.

Nombreuses lettres ornées et vignettes gravées sur bois.

17. Le Tableau de la Croix, représenté dans les Cérimonies (*sic*) de la Sainte Messe, ensemble le Trésor de la dévotion aux souffrances de Nostre Seigneur Jésus Christ, le tout enrichi de belles figures. *S.l.n.d.* (*Paris*, *Mazot*, 1653), pet. in-4, texte, fig. et encadrements gr. mar. r. comp. tr. dor. (*Rel. anc.*)

Cet ouvrage est orné de très jolies figures gravées sur cuivre. Quelques-unes sont signées *Collin*, d'autres *J. Durand*.

Le titre et 2 ff. manquent. Taches et déchirures.

18. La Sainte Messe, ou sont représentés par les actions du Prêtre les Mistères de la Passion de Notre Seigneur Jésus-Christ, avec les oraisons a chacun mistère. *A Paris*, *chez François Jouenne*, *s. d.* in-12, fig. bas.

35 planches par Landry avec texte gravé.

Exemplaire fortement taché.

19. Epistole et Evangelii che si leggono tutto l'anno alla Messa, secondo l'uso della Sancta Romana Chiesa, ridotti all' ordine del Messal nuovo. Tradotti in lingua Toscana dal R. P. M. Remigio Fiorentino, etc. *In Vinegia, appresso i Gioliti*, 1584, in-4, fig. sur bois, vél.

Incomplet des derniers ff. de la fin. Raccommodages.

20. Rosario della Gloriosa Vergine Maria con le sue pie contemplationi, ordini, capitoli, et stationi di Roma. Composto dal R.P. Don Sebastiano da Fabriano Monaco Camaldolese. Et aggiontovi le divote meditationi per tutti li giorni della settimana. *In Venetia, appresso i Guerri fratelli*, 1583, in-12 de 51 ff. non chiff. texte avec encadrement, vignettes sur bois, dérelié.

Incomplet des ff. c. 2-7.

21. Manipulus curatorum sommamente necessario ad ogni sacerdote. Alqual s'è aggiùto lo specchio di chiesa del cardinale Ugone primo, dove sono i tutti misterii della messa. *In Venetia, appresso gli heredi di Marchio Sessa*, 1569, in-16, vél.

Mouillures.

22. Ordo baptizandi et alia sacramenta administrandi, ex romanæ ecclesiæ ritu in quo complura curam animarum gerentibus utilia, copiose tractantur : nunc ad meliorem formam redactus. *Venetiis, apud Juntas*, 1595, in-8, vign. sur bois, vélin.

Mouillures.

23. Augustinus de Civitate || dei cum commento. (A la fin :) *Finitum est hoc opus in Friburga. Anno incarna||tionis dñi M CCCC XC IIII* (1494). — Augustinus de Trinitate. (A la fin :) *Aurelii Augustini de Trini||tate liber explicitus est Anno || dñi MCCCC LXXXX IIII* (1494). — Ens. 2 ouvrages en 1 vol. in-fol. goth. à 2 col. lettres en rouge et bleu, dérel.

Un des premiers livres imprimés à Fribourg-en-Brisgau.
Taches, mouillures et piqûres de vers.

24. ☞. Divi Hiero||nymi sacrarum literarum || interpretis ut celeberrimi, ita et peritissimi in vitas || patrum opus pium, christiano ꝗ lectori perutile : cu||jus crebra lectio peccatoris etiam saxeum cor emol||lit, ac ipsum ad nostræ religionis zelum non medio||criter allicit. || Quæ autẽ errata insigne hoc opus fœdabant nunc || diligenter emendata fuere. || Adiectus est insuper alphabeticus index, in quẽ || res scitu dignæ, quo verborum licuit compendio || congestæ sunt, quo singula quæ scire volet studiosus || lector facile inveniat. 1536. (A la fin :) *Impressis Lugduni Anno no||stre salutis M. CCCCC XXX VI* (1536), pet. in-fol. goth. à 2 col. de 4 ff. prél. non ch. et 155 ff. chiff. titre rouge

et noir, petites vignettes et initiales gravées, v. ant. marb.

25. Marci Vigerii saonensis decachordum christianum Julio II. Pont. Max. dicatum. (A la fin :) *Quod Hieronymus Soncinus in urbe Fani his caracteribus impressit die X Augusti M. D. VII* (1507), petit in-fol. de 7, CCXLVI et 16 ff. fig. sur bois, ais de bois recouverts en veau. (*Reliure de l'époque fatiguée.*)

Ce volume est orné de 10 figures sur bois de la grandeur des pages et de 35 petites à fond criblé, toutes ayant rapport à la vie de Jésus-Christ.

26. Pia Desideria Emblematis, elegiis et affectibus SS. Patrum illustrata, authore Hermanno Hugone societatis Jesu ad Urbanum VIII pont. max. *Antuerpiæ, typis Henrici Aertssenii*, 1628, in-16, front. fig. et fleurons gr. sur bois, v. ant. gr.

Les figures sur bois qui ornent cet ouvrage ont été gravées par Christophe de Sichem sur les mêmes dessins qui avaient servi à faire les gravures en taille-douce de l'édition originale. Ces figures sont donc ici en PREMIER TIRAGE.

Taches et mouillures.

27. Élévations à Dieu sur tous les mystères de la religion chrétienne par Bossuet, revues sur les manuscrits originaux et les éditions les plus correctes, ornées de gravures sur acier. *Paris, Garnier, s. d.* in-8, fig. demi-rel. chag. noir.

28. Delle Opere spirituali del dotissimo & divotissimo P. F. Alonso d'Orosco... Nuovamēte fatte di spagnuolo italiano, per il R. D. Timoteo. *In Venetia, appresso i Guerra*, 1596, 6 parties en 1 vol. in-4, vél.

Mouillures.

29. Jardin des âmes (en allemand). *S. l. n. d.* pet. in-4, goth. impr. en rouge et noir, encadrements, fig. sur bois, bas.

Livre de prières orné de curieuses gravures sur bois qui paraissent devoir être attribuées à Albert Dürer.

Exemplaire incomplet du titre. Quelques taches.

30. Ioannis Dallæi de Imaginibus libri IV. *Lugd. Batav. ex officina Elzeviriana*, 1642, in-8, vél.

Traduction du traité du protestant français Jean Daillé. Elle est due à l'auteur lui-même.

Hauteur : 156 mill.

---

31. Le Coran. In-4, rel. orientale.

MANUSCRIT arabe.

Une note en tête du volume nous apprend que ce manuscrit a été pris dans le village des Beni-Amzou près de Djijalli le 18 mai 1851, lors de l'expédition de Kabylie.

32. Incipit tractatus notabilis de excōi||cationibus suspēsionibus interdictis || irregularitatib⁊ꝛ penis Fratris An||tonini archiepī Florentini de ordine || predicatorum. |— Incipit titulus de sponsalibus ⁊ || matrimonio : extractus de tertia p̄te || sūme venerabilis patris Fratris || Antonini Archiep̄i Florētini ordis || fratrum p̄dicatorum. (A la fin :) *Venetiis ductu et impensis Johannis de Colonia, ac Johānis Nāthen d Gherretzem, Anno salutis M CCCC. LXXIIII.* (1474). — Ens. 2 parties en 1 vol. petit in-4, goth. à 2 col. ais de bois, dos de vél.

Manque un f. en tête (blanc ?).

SCIENCES ET ARTS

33. Problematum Aristotelis sectiones duæ de quadraginta Theodoro Gaza interprete. Problematum Alexandri Aphrodisiei libri duo eodem Theodoro interprete. *S. l. n. d.* in-8, car. ital. mar. La Vall. dos orné, comp. et milieu dor. fil. à fr. (*Rel. du XVIe siècle.*)

Volume rare qui se joint à la collection des Alde. Brunet l'indique comme ayant été imprimé à *Lyon* vers 1505.

Jolie reliure.

34. Discours de la Méthode pour bien conduire sa raison et chercher la vérité dans les sciences, par René Descartes. *Paris, Ch. Angot,* 1668, in-4, fig. v. brun ant.

35. Les Essais de Michel seigneur de Montaigne. Nouvelle édition exactement purgée des défauts des précédentes, etc. *A Paris, chez la Vve Seb. Huré,* 1652, in-fol. bas.

Mouillures.

36. Les Caractères de Théophraste, traduits du grec, avec les Caractères ou les Mœurs de ce siècle (par La Bruyère). Neuvième édition revue et corrigée. *Paris, Estienne Michallet,* 1696, in-8, v. br.

Dernière ÉDITION ORIGINALE.

Taches.

37. La Contre-Lesine, ou plustost Discours, constitutions et louanges de la libéralité remplis de moralité, de doctrine, et beaux traits admirables augmentez d'une comédie intitulée Les Nopces d'Antilesine, ouvrage du Pasteur Monopolitain et traduit nouvellement de l'italien. *A Paris, chez Rolet Boutonné*, 1618, in-12, vél.

38. Il Libro del Cortegiano del conte Baldesar Castiglione. *In Firenze, Giunti,* 1537, in-8, car. ital. demi-rel. bas.

Ouvrage intéressant.

L'auteur y révèle une foule de particularités piquantes sur les hommes de son temps. Le clergé est loin d'être épargné.

Taches.

39. Justi Lipsii de Constantia libri duo, qui alloquium præcipue continent in publicis malis. Iterata editio, melior et notis auctior. *Antuerpiæ apud Christophorum Plantinum*, 1585, in-4, demi-rel. mar. brun avec coins, tête dor.

40. De optimo Reip. statu deque nova insula Utopia libellus vere aureus, nec minus salutaris quam festivus, clarissimi disertissimique veri Thomæ Mori inclytæ civitatis Londinensis civis et vicecomitis. Epigrammata clarissimi disertissimique viri Thomæ Mori, pleraque e grecis versa. Epigrammata Des. Erasmi Roterodami. *Apud inclytam Basileam, Frobenius*, 1518, in-4, encadrements et fig. gr. sur bois, dérel.

Cette édition contient en plus que la première les épigrammes de Morus et d'Erasme. Quelques-unes des gravures sur bois qui l'ornent ont été faites, à ce que l'on croit, sur les dessins de Jean Holbein.

Notes manuscrites et ff. manuscrits ajoutés.

---

41. La Royalle Chymie de Crollius, traduite en françois par J. Marcel de Boulene. *A Rouen, chez Charles Osmont*, 1634, pet. in-8, parch.

A la suite se trouve une partie ayant pour titre : *Traicté des signatures ou vraye et vive anatomie du grand et petit monde.*

Piqûres de vers et fortes mouillures.

42. Historia sive Descriptio plantarum omnium, tam domesticarum quam exoticarum : earumdem cum virtutes ... tum subtilitates, necnon icones etiam veras ... proponens, atque una cum his, partium omnium corporis humani ut externarum ita internarum picturas et instrumentorum extraxtioni chymicæ servientium delineationem

usumque, ac methodos denique pharmaceuticas quas vis, ad curam valetudinis dextre tractandam necessarias complectens utilitatis vero publicæ gratiâ a Leonhardo Thurneissero. (A la fin :) *Berlini, Michael Hentzske*, 1578, in-fol. fig. sur bois, titre gravé sur bois, bas. dérel.

Première partie comprenant 6 ff. prél. 156 pp. et 10 ff. non ch. Déchirure au titre, mouillures et piqûres de vers.

43. Commentaires très excellens de l'histoire des plantes, composés premièrement en latin par Leonard Fusch et depuis nouvellement traduits en langue française par Eloi Magnen. *A Paris, chez Jacques Gazeau*, 1549, in-fol. fig. sur bois, cart.

Le titre manque.

44. Leçons de Flore. Cours complet de botanique. Explication de tous les systèmes, par J.-L.-M. Poiret. Suivi d'une Iconographie végétale par P.-J.-F. Turpin. *Paris, Panckoucke*, 1820, 3 tomes en 1 vol. in-4, fig. en couleur, demi-rel. chag. vert.

Les planches sont remontées. La première livraison du tome I (mal indiqué tome III sur le titre) manque.

45. Purgantium aliarumque eo facientium, tum et radicum convolvulorum ac deleteriarum herbarum historiæ libri IIII. Remberto Dodonæo auctore. *Antuerpiæ, ex officina Christ. Plantini*, 1574, in-8, fig. vél.

Ouvrage peu commun.
Fortes taches et piqûres de vers.

46. Foglie, Fiori, Frutti della Zucca del Doni. *Vinegia, Marcolini*, 1552, 3 parties en 1 vol. in-8, car. ital. titres gr. portr. et fig. sur bois, cart.

Les 3 parties ont chacune leur pagination séparée et sont subdivisées en 3, 2 et 3 parties ayant chacune leur titre de départ avec encadrements sur bois.
Taches et mouillures.

47. Liber secretorum Alber||ti magni de virtutibus|| herbarum : Et animalium quorundã. Eiusdem||ꝗ liber de mirabilibus mundi : et etiam de qui||busdam effectibus causatis a quibusdam anima||libus, etc. *S. l. n. d.* pet. in-4, goth. dérel.

Édition comprenant 40 ff. non ch. sign. a-k par 4 ff. de 27 lignes (Hain, nº 529).
Exemplaire incomplet du cahier D.
Fortes piqûres de vers, raccommodage au feuillet K1.

48. Flore médicale décrite par F. P. Chaumeton, peinte par

M. E. P. (Panckoucke) et Turpin. *Paris*, *Panckoucke*, 1814-1818, 7 tomes en 6 vol. in-8, fig. en couleur, demi-rel. chag. vert, tr. marb.

Exemplaire entièrement monté sur onglets.

---

49. Il Canto degl'Angelli, opera nova di Antonio Valli da Todi, dove si dichiara la natura di sessanta sorte di ucelli, che cantano, con le loro figure, et vinti sorte di caccie, cavate dal naturale da Antonio Tempesti. *In Roma, per gli heredi di Nicolo Mutii*, 1601, in-4 de 4 ff. prél. et 50 ff. chiff. pl. gr. non relié.

Livre rare.
Nombreux raccommodages.

50. La Nature et diversité des poissons avec leurs pourtraicts, representez au plus près du naturel. Par Pierre Belon du Mans. *A Paris, chez Charles Estienne*, 1555, in-8 obl. fig. sur bois, demi-rel. v.

Première édition, très rare, de cette traduction.
Les figures de cet exemplaire sont coloriées.

51. Ulyssis Aldrovandi Monstrorum historiæ cum paralipomenis historiæ omnium animalium. *Bononiæ*, 1642, in-fol. titre et fig. gravés, bas.

Première édition, rare.
Fortes mouillures et piqûres de vers; une partie des feuillets sont détachés.

52. Jules Obsequent, des Prodiges. Plus Trois Livres de Polydore Vergile sur la mesme matière. Traduis de latin en françois par Georges de La Bouthière Autunois. *Lyon*, *Jan de Tournes*, 1555, in-8, fig. sur bois, bas.

Ouvrage recherché.
Taches.

53. Le Theatre d'Agriculture et mesnage des champs d'Olivier de Serres seigneur du Pradel. *A Paris, par Jamet Metayer*, 1600, in-fol. titre gravé, demi-rel. mar. La Vall. tr. peigne.

Édition originale, recherchée.
Le titre est doublé.

---

54. La Dissection des parties du corps humain divisée en trois livres, faictz par Charles Estienne, docteur en médecine, avec les figures et declaratiõ des incisions, composées par

Estienne de La Rivière, chirurgien. *Imprimé à Paris, chez Simon de Colines*, 1546, in-fol. planches sur bois, dérelié.

Première édition de la traduction française, la dernière où figure le nom du célèbre imprimeur Simon de Colines.

Exemplaire incomplet des pp. 97, 98, 113, 114, 135, 136. Le titre est découpé et doublé, piqûres de vers, mouillures.

55. Andreæ Vesalii Anatomia. *Venetiis, apud Joan. Anton. et Jacobum de Franciscis, s. d.* in-fol. fig. sur bois, vél.

Piqûres de vers.

56. Librorum Andreæ Vesalii de Humani Corporis fabrica. Epitome : cum annotationibus Nicolai Fontani medici. *Amstelodami, apud Johannem Jansonium*, 1642, in-fol. titre gravé et planches d'anatomie, bas.

Piqûres de vers.

57. Le Thrésor de santé, ou Mesnage de la vie humaine. Divisé en dix livres, lesquels traictent amplement de toutes sortes de viandes et breuvages, ensemble de leur qualité et préparation faict par un des plus célèbres et fameux médecins de ce siècle. *A Lyon, chez J.-A. Huguetan*, 1616, in-8, demi-rel. cuir de Russie.

---

58. Pratique de la géométrie sur le papier et sur le terrain, où par une méthode nouvelle et singulière l'on peut avec facilité et en peu de temps se perfectionner en cette science. Par M. Le Clerc. *Amsterdam, de Coup et G. Kuyper*, 1735, in-12, fig. v. ant. gr.

59. Quesiti, et inventioni diverse de Nicolo Tartalea Brisciano. (A la fin :) *In Venetia, per Nicolo de Bascarini*, 1554. — Regola generale da sulevare con ragione e misura no solamēte ogni affondata Nave : ma una Torre solida di mettalo intitolata la Travagliata inventione. *S. l. n. d.* (1551). — Ragionamenti de Nicolo Tartaglia sopra la sua Travagliata inventione. (A la fin :) *Stampata in Venetia per Nic. Bascarini*, 1551. — Opera Archimedis Syracusani philosophi et mathematici ingeniosissimi per Nicolaum Tartaleam Brixianum. (A la fin :) *Venetiis per Venturinam Russinellum*, 1543. — Ens. 4 ouvrages en 1 vol. in-4, portrait de l'auteur, fig. sur bois, vél.

Le titre du premier ouvrage est doublé et raccommodé.

60. Théâtre des instrumens mathématiques et mechaniques de Jaques Besson, Dauphinois, docte mathématicien, avec l'interprétation des figures d'icelui par François Beroald, plus en ceste dernière édition ont esté adjoustées additions à chacune figure. *Lyon, par Jaques Chouët*, 1596, in-fol. planches gravées, vél.

Mouillures et taches.

61. Cosmographia Petri Apiani, per Gemmam Frisium apud Lovanienses medicum et mathematicum insignem, iam demum ab omnibus vindicata mendis, ac nonnullis quoque locis aucta, et annotationibus marginalibus illustrata. Additis eiusdem argumenti libellis ipsius Gemmæ Frisii. *Antuerpiæ, Christ. Plantinus*, 1574, in-4, fig. sur bois, peau de truie, fil. et comp. dor. tr. dor.

62. La Cosmographie de Pierre Apian, docteur et mathématicien, nouvellement traduite de latin en françois par Gemma Frisius, docteur en médecine et mathématicien de l'Université de Louvain, de nouveau augmētée oultre les precedētes impressions. *A Paris, par Vivant Gaultherot, libraire iuré en l'université de Paris*, 1551, pet. in-fol. fig. vél.

Fortes mouillures.

63. Cla. Ptolemæi inerrantium stellarum significationes per Nicolaum Leonicum e græco translatæ, XII Romanorum menses in veteribus monimentis Romæ reperti sex priorum mensium digestio ex sex Ovidii Fastorum libris excerpta. P. Ovidii Nasonis Fastorum lib. VI. Tristium lib. V. De Ponto lib. IIII. In Ibin. Ad Liviam. (A la fin :) *Venetiis, in ædibus Aldi*, 1516, in-8, vél.

64. Cla. Ptolemæi inerrantium stellarum significationes per Nicolaum Leonicum e græco translatæ. XII Romanorum menses in veteribus monimentis Romæ reperti. Sex priorum mensium digestio ex sex Ovidii Fastorum libris excerpta. P. Ovidii Nasonis Fastorum libr. VI. Tristium lib. V. De ponto libr. IIII. In Ibin. Ad Liviam. *Aldus.* (A la fin :) *Venetiis, Aldus*, 1533, in-8, car. ital. vél.

Raccommodage au titre.

65. Cosmographiæ universalis Lib. VI autore Sebast. Munstero. *Basileæ, apud H. Petri*, 1550, in-fol., fig. sur bois, demi-rel. bas.

Édition recherchée pour les gravures sur bois et les cartes qui l'accompagnent.

66. Discorso del S. Guglielmo Choul gentilhuomo lionese... sopra la castrametatione e bagni antichi dei greci e romani. Con l'aggiunta della figura del campo romano. Et una Informatione della militia Turchesca et degli habiti de soldati turchi, scritta da M. Francesco Sansovino. *In Vinegia presso Altobello Salicato*, 1582, in-8, fig. sur bois, vél.

Taches et piqûre de vers.

67. Vallo libro continente appertinente a capitanii, retenere et fortificare una citta con bastioni, con novi artificii de fuoco aggionti, come nella tabola appare, et de diverse sorte poluere et de espugnare una citta con ponsi, scale, argani, trombe, trenciere, arteglíarie, cave, dare avisamenti senza messo allo amico, farre ordinanze, battaglioni. Et ponti de dissida con lo pingere, opera molto utile con la esperientia de l'arte militare. (A la fin :) *In Vineggia, per Vettor. q. Piero Ravano*, 1531, pet. in-8, car. ital. fig. sur bois, demi-rel. bas.

L'auteur de cet ouvrage curieux est *G. B. della Valle di Venafro*. Raccommodages.

68. Specchio di guerra di F. Francesco Panigarola. *In Bergamo*, 1595, in-4, fig. sur bois, vél.

Première édition d'un livre curieux et non cité par Brunet.

69. Della Espugnatione et difesa delle fortezze del S. Gabriel Busca Milanese libri due, di nuovo dall'autore corretti et ampliati; con l'aggionta di molti capitoli, et figure di più, che nella prima editione aggiontori nel fine l'instruttione di Bombardieri, per dell'istesso autore, con le figure. *In Turino*, 1598, in-4, pl. vél.

70. Les Fortifications du chevalier Antoine De Ville, Tholosain, avec l'attaque et la défence des places. *A Lyon, chez Irénée Barlet*, 1629, in-fol. titre et planches gravés, parch.

---

71. Bonifacius de maleficiis. || Preclarum ac utile opus || domi. Bonifacii de Vitellinio de Mantua super maleficiis : cum frugiferis additionibus antea || positis : nec non et apostillis domi. Hieronymi || Chuchalon Hispani recenter superadditis ab || omni errorū cumulo climatum in lucem exilit. || In cuius principio additur de novo reper||torium alphabeticum ex alio excer||ptum ac divisum ad numeros et || folia

decenter lectorem remi||ttens et ad singulares huius || operis materias reperiē||das (ut uno intuitu||insigniter doctoris || sententia pa||teat) maxime || conveniēs || ac de||cēs. (A la fin:) *Finem sumpsit hoc opus Ludg. in || edibus seduli. Impressoris Bñdicti || bōnyn. diligentiori cura quā prius ca||stigatū Impēsis vero Jacobi. q. Francisci de Giunela et sociorū Florētini. Anno dñi MCCCCCXXXII* (1532).—¶|| Alberti de Bandino J. U. doct. clarissimi libellus sup male||ficiis : noviter cū plurib' exēplarib' manu || scriptis reformat' || & a tenebris quib' & || ptcr īfinitos errores offuscabat illuminat' cū summariis & aptis Deo duce Incipit. (A la fin:) *Alberti de Gandino. J. U. doct. clarissimi libellus..... explicit. Lugd. in edibus seduli impressoris Benedicti Bōnyn..... Anno dñi MCCCCCXXXII* (1532). — Ens. 2 ouvrages en 1 vol. pet. in-4, goth. à 2 col. vél.

Taches et mouillures. La reliure est cassée.

72. Introductiones apoteles||maticæ elegantes, in Chyromantiam, Physiognomiam, || Astrologiam naturalem, Complexiones hominum, || naturas planetarum. Cum periaxio matibus de || faciebus Signorum, & canonib. [de ægritu || dinibus, nusquā fere simili tractata || compendio. || Autore Joanne Indagine. 1522 (A la fin :) *Finis libri, opera Joannis Scotti*, 1522, in-fol. goth. portr. sur le titre et nombr. fig. sur bois, vél.

Première édition, imprimée à Strasbourg, de cet ouvrage rare et curieux.
Raccommodage à la marge supérieure du titre et quelques mouillures.

BEAUX-ARTS

I. DESSIN. — PEINTURE. — GRAVURE. — RECUEILS DE GRAVURES

73. CHAMP || FLEURY. || Auquel est contenu lart et science || de la deue et vraye proportiō des let||tres attiques, quō dit autremēt Let||tres antiques, & vulgairement Let||tres Romaines proportionnées selon || le corps et visage humain.

· *Ce Livre est privilegie pour Dix ans ‖ Par le Roy nostre Sire, et est a ven‖dre à Paris sus Petit Pont a Lenseigne ‖ du Pot casse par Maistre Geofroy ‖ Tory de Bourges, libraire, et Au‖theur du dict Livre. Et par Giles Gour‖mont aussi libraire demourant en la ‖ rue Sainct Jacques à Lenseigne des ‖ Trois Couronnes. ‖ Priviligié pour dix ans.* ‖ (A la fin :) *Cy finist ce présent livre, avec l'addition de treze diverses façõs de Lettres. ‖ Et lamanière de faire chifres pour bagues dor, ou autrement, Qui fut acheve ‖ d'imprimer le mercredy XXVIII Iour du mois Dapuril. Lan mil cincq cens. ‖ XXIX. Pour Maistre Geofroy Tory de Bourges, autheur dudict Livre, et ‖ libraire demorãt à Paris, qui le vent sus Petit Pont à Lenseigne du Pot Cas‖se. Et pour Giles Gourmont aussi libraire demorant au dict Paris, qui le vent ‖ pareillement en la Rue Saint Jaques à Lenseigne des Trois Coronnes* (1529), pet. in-fol. titre et texte encadré, v. br. ant. larges comp, et armes de France à fr. (*Rel. de l'époque.*)

Édition originale de ce livre rare et curieux. Il est, comme l'indique une note placée au verso du titre, divisé en 3 parties ayant trait : la première à la grammaire française, la seconde à l'invention des lettres ; la troisième au dessin, valeur et prononciation de ces mêmes lettres.

Reliure fatiguée. Hauteur : 254 mill.

74. Histoire des Beaux-Arts depuis l'antiquité jusqu'à nos jours par M. C. A. Menzel. Traduit de l'allemand par Paulin Niboyet. *Paris et Leipzig, Romberg,* 1854, in-4, fig. br.

Tome I.

75. Storia delle arti del disegno presso gli antichi di Giovanni Winkelman tradotta dal tedesco e in questa edizione corretta e aumentata dall'abate Carlo Jea giure consulto. *In Roma, dalla stamperia Pagliari,* 1783, 3 vol. in-4, pl. gr. br.

Seconde édition de la traduction italienne de cet ouvrage, préférable à la première.

76. Manuel d'iconographie chrétienne, grecque et latine, avec une introduction et des notes par M. Didron, traduit du manuscrit byzantin, le Guide de la peinture, par le Dr Paul Durand. *Paris, Impr. roy.* 1845, in-8, demi-rel. chag. La Vall. tr. marb.

77. Iconographie chrétienne. Histoire de Dieu, par M. Didron. *Paris, Imp. roy.* 1843, in-4, fig. cart. dos de perc. non rog.

78. La Renaissance en Italie et en France à l'époque de

Charles VIII, par Eug. Müntz. *Paris, Didot*, 1885, in-8, fig. et fac-similés, br.

79. Histoire de la caricature et du grotesque dans la littérature et dans l'art, par Thomas Wright. Traduction d'Octave Sachot. Deuxième édition, illustrée de 238 gravures intercalées dans le texte. Notice par Amédée Pichot. *Paris, Delahays*, 1875, in-8, fig. br.

80. Raffet. Son œuvre lithographique et ses eaux-fortes, suivi de la bibliographie complète des ouvrages illustrés de vignettes par H. Giacomelli, orné d'eaux-fortes inédites par Raffet et de son portrait par Bracquemond. *Paris*, 1862, in-8, portr. et fig. cart. dos de perc. non rog. couverture.

81. Notes et croquis de Raffet mis en ordre et publiés par Aug. Raffet, avec deux cent cinquante-sept dessins inédits gravés en relief par Amand Durand. *Paris*, 1878, in-fol., pl. gr. br.

82. Pratica universale facilissima et breve di misurare con la vista. Parte prima dove si insegna il modo di misurare qual si voglia lunghezza, larghezza, altezza o profundita separatamente, et unitamente per stravagante et lontana che sia, in una sola operazione cioé, non si partendo dal luogo di Guiseppe Malombra, nobile cremonese. *S. l. n. d.* (*In Fiorenza, appresso Simone Ciotti*, 1630), 2 parties en 1 vol. in-4, fig. gr. vél.

83. La Perspective pratique nécessaire à tous peintres, graveurs, sculpteurs, etc. par un religieux de la Compagnie de Jésus (le P. Jean Dubreuil). Seconde édition revue, corrigée et augmentée. *Paris, Fr. L'Anglois*, 1651, 47 et 49, 3 vol. in-4, front. et fig. mar. r. comp. tr. dor. (*Rel. anc.*)

Le premier volume seul est de la 2e édition.
Il manque un frontispice au 3e volume.

84. Trattato dell' arte della pittura, scoltura, et architettura, di Gio Paolo Lomazzo Milanese pittore, diviso in sette libri. *In Milano*, 1584, pet. in-4, demi-rel. bas.

85. Disegno del Doni partito in piu ragionamenti, ne quali si tratta della scoltura; pittura : de colori, de gesti, de modegli, con molte cose appartenenti a quest' arti : & si termina la nobilta dell' una et dell' altra professione con historie, essempi et sentenze. Et nel fine alcune lettere che

trattano della medesima materia. *Vinetia, G. Giolito de Ferrari*, 1599, in-8, lettres ornées, car. ital. chag. r.

Mouillures.

86. Sentimens des plus habiles peintres sur la pratique de la peinture et sculpture mis en tables de préceptes. Par Henry Testelin. *Paris, Mabre-Cramoisy*, 1696, in-fol. 12 pl. doubles gr. dont 6 de texte, demi-rel. v. bleu.

Taches et mouillures.

87. Les Quatre Livres d'Albert Durer, peinctre et géométricien très excellent, de la proportion des parties et pourtraicts des corps humains. Traduicts par Loys Meigret, lionnois, de langue latine en françoise. Derechef reveu et courigé de nouveau. *A Arnhem, chez Jean Jeansz*, 1614, in-fol. pl. bas.

Fortes mouillures.

88. Storia pittorica della Italia dal risorgimento delle belle arti fin presso al fine del XVIII secolo dell' abate Luigi Lanzi. Edizione quinta. *Firenze, Moutier*, 1834, 6 tomes en 3 vol. in-8, cart. dos de perc. grise, ébarbé.

89. Des Arts et des artistes en Espagne jusqu'à la fin du XVIIIe siècle par Ed. Laforge. *Lyon, Louis Perrin*, 1859, in-8, demi-rel. v. f. non rog.

90. Le Vite de piu eccelenti pittori, scultori et architetti di Giorgio Vasari pittore, & architetto aretino. In questa nova edizione diligentemente riviste, ricorettè, accresciute d'alcuni rittrati, & arricchite di postille nel margine. *Bologna, presso gli heredi di Evang. Dozza*, 1647, 3 vol. in-4, front. portr. gr. sur bois, bas.

91. Vies et œuvres des peintres les plus célèbres de toutes les écoles, par C. P. Landon. *Paris*, 1803, in-4, fig. au trait, dérel.

Ce volume contient la vie et l'œuvre du Dominiquin.

92. Recueil des œuvres choisies de Jean Cousin, reproduites en fac-similé. Quarante-et-une planches, dont quatre en couleurs, publiées avec une introduction par M. Ambroise Firmin-Didot, *Paris, Firmin Didot fr.* 1873, in-fol. texte et planches en feuilles dans 1 carton.

93. Del Significato de colori e de mazzoli. Operetta di Fulvio Pellegrino Morato Mantouano nuouamente ristampata. Et da lui medesimo de nuovo revista. *In Ferrara, per G. M. di Michieli,* 1545, in-8, car. ital. demi-rel. bas.

Exemplaire à toutes marges.
Taches.

94. Œuvres posthumes de Girodet-Trioson, peintre d'histoire, suivies de sa correspondance, précédées d'une notice historique et mises en ordre par P.-A. Coupin. *Paris, Renouard,* 1829, 2 vol. in-8, portr. fig. br.

95. Histoire de la gravure, par Georges Duplessis. *Paris, Hachette,* 1880, in-8, fig. br.

96. De la Manière de graver à l'eau-forte et au burin, et de la gravure en manière noire, avec la façon de construire les presses modernes et d'imprimer en taille-douce. Par Abraham Bosse. *Paris, Ch.-Ant. Jombert,* 1758, in-8, front. et fig. v. ant. marb.

Dernière édition de cet ouvrage successivement augmenté par Seb. Le Clerc et Cochin. On y trouve la manière d'imiter les tableaux et les dessins au crayon.

97. Les Travaux d'Ulysse desseignez par le sieur de Sainct-Martin (le Primatice), de la façon qu'ils se voyent dans la maison royalle de Fontainebleau, peints par le sieur Nicolas (Nicolo dell' Abate), et gravez en cuivre par Th. Van Tulden avec le subject et l'explication morale de chaque figure. *A Paris, chez Melchior Tavernier, graveur et imprimeur du Roy pour les tailles-douces,* 1633, in-4 obl. pl. vél.

Première édition.
Incomplet des planches 16, 22 et 24. Raccommodages et mouillures.

98. Les Images ou Tableaux de platte peinture des deux Philostrates et les statues, mis en françois par Blaise de Vigenere, enrichis d'annotations, revus sur l'original et représentés en taille-douce, avec des épigrammes sur chacun d'iceux par Thomas d'Embry. *Paris, Cl. Cramoisy,* 1637, in-fol. pl. demi-rel. chag. grenat, tr. peigne.

Ouvrage orné de 58 grandes planches gravées par Jaspar Isaac, Léon Gaultier et Thomas de Leeu.
Le titre est doublé.

99. Suite de 28 pl. in-4 obl. en héliogravure pour la Danse des morts, chag. noir, tête dor. non rog.

Épreuves sur PAPIER DE CHINE montées sur onglets.

100. Hans Holbeins Todtentanz in 53 getreu nach den Holzschnitten lithographirten Blättern, herausgegeben von I. Scholtthauer. Mit erklärendem Texte. *Munchen*, 1832, in-12, fig. demi-rel. chag. noir, ébarbé.

101. Trionfo e danza della morte o Danza macabra a clusone dogma della morte a Pisogne nella provincia di Bergamo con osservazioni storiche ed artistiche di Giuseppe Vallardi. *Milano*, 1859, in-4, planches lithogr. cart.

102. Recueil de gravures d'après des vases antiques, tirées du cabinet de M. le chevalier Hamilton, avec des observations sur chacun des vases par l'auteur de cette collection. Publié par M. Guill. Tischbein, directeur de l'Académie royale de peinture à Naples. *Naples*, 1791, 2 vol. in-fol. 159 pp. de texte (en anglais et en français) et 184 planches, demi-rel. bas.

PREMIER TIRAGE.

103. Paul Lacroix. Le Moyen Age et l'époque de la Renaissance. *Paris, Didot*, 1869-1877, 4 vol. gr. in-8, fig. et chromo. demi-rel. chag. r. plats toile, fers spéciaux, tr. dor.

Les Arts. — Mœurs, usages et costumes. — La Vie militaire. — Sciences et Lettres.

104. Paul Lacroix. XVIIIe siècle. Institutions, usages et costumes. Deuxième édition. *Paris, Didot*, 1875, gr. in-8, fig. et chromo. demi-rel. chag. r. plats toile, fers spéciaux, tr. dor.

105. Le Diable à Paris. Paris et les Parisiens. Texte par MM. G. Sand, Gozlan, Soulié, Musset, Th. Gautier, etc. Illustrations par Gavarni et Bertall. *Paris, Hetzel*, 1845-1846, 2 vol. in-8, front. fig. et vign. demi-rel. bas. verte.

PREMIÈRE ÉDITION.

106. Kunst und Leben der Vorzeit von Beginn des Mittelalters bis zu Anfang des 19 Jahrhunderts in Skizzen nach original Denkmälern für Künstler und Kunst-Freunde zusammengestellt und herausgegeben von Dr. A. Eye und J. Falke. *Nürnberg, verlag von Bauer et Raspe*, 1858, 36 fascicules in-4, fig. br.

Le 5e fascicule manque.

107. Florian. Suite de 64 figures (sur 80), par Moreau et Desenne pour l'édition *Renouard*, 1820, en 1 vol. cart.

Épreuves AVANT LA LETTRE.

108. Musée de peinture et de sculpture, ou Recueil des principaux tableaux, statues et bas-reliefs des collections publiques et particulières d'Europe, dessiné et gravé à l'eau-forte, par Réveil. Notices par Duchesne. *Paris, Audot*, 1828-1836, 12 vol. pet. in-8, demi-rel. bas. et la fin de l'ouvrage en livraisons.

Il manque plusieurs livraisons.
On a joint : École anglaise. Recueil de tableaux, statues, etc., gravé au trait, notices par Hamilton. *Paris, Audot*, 1831-1832, 5 vol. en feuilles (incomplets).

109. Le Musée. Revue du Salon de 1834, par Alexandre D... (Dumas). *Paris*, 1834, in-4, front. de C. Nanteuil et fig. v. r. fil. ébarbé.

110. LES ARTS SOMPTUAIRES. Histoire du costume et de l'ameublement, sous la direction de Hangard-Maugé. Introduction et texte par Ch. Louandre. Impressions en couleur. *Paris, Hangard-Maugé*, 1857, 2 vol. in-4, front. et 1 vol. in-4 de pl. tirées en couleur, demi-rel. mar. La Vall.

Exemplaire incomplet du premier volume de planches.

111. Degli Habiti antichi et moderni di diverse parti del mondo libri due per Cesare Vecellio. *Venegia, Dominico Zenaro*, 1590, in-8, fig. sur bois, demi-rel. bas.

Fragment de la première édition de cet ouvrage commençant à la page 83 et s'arrêtant à la page 350, soit en tout 267 figures.
Fortes taches.

112. Costumes anciens et modernes. Habiti antichi et moderni di tutto il mondo di Cesare Vecellio, précédés d'un Essai sur la gravure sur bois, par M. Ambr. Firmin-Didot. *Paris, Didot*, 1870-75, 3 vol. in-8, fig. et encadrements, br.

113. Costumes du Moyen-Age chrétien d'après des monuments contemporains, par J.-N. de Hefner-Alteneck. *Francfort*, 1840-1854, 3 vol. in-4, planches gr. demi-rel. chag. vert, non rog.

Edition française.
Exemplaire monté sur onglets.

114. Modes françaises ou Histoire pittoresque du costume en

France. *Paris, Blanchard*, 1821, 3 vol. in-8, planches en couleur, cart.

Août 1818-Juillet 1821.

115. L'Art pour tous. Directeur Cl. Sauvageot. *Paris*, 15 *juillet* 1865-31 *octobre* 1884, 6 vol. in-fol. (1865-1877), cart. dos de perc. non rog. couvertures, le reste en livraisons.

Il manque : les livraisons du 15 janvier au 15 juillet; 15 août au 15 septembre 1878 ; 15 novembre au 15 janvier 1880-1881 : les titres, tables et couvertures de 1880 et 1884 et la couverture de 1878.

II. ARCHITECTURE — ARTS DIVERS

116. M. Vitruvii Pollionis de Architectura libri decem, cum notis Guil. Philandri. *Lugduni, apud Ioan. Tornæsium*, 1552, in-4, fig. sur bois, mar. violet.

Bonne édition, belle et correcte. Taches.

117. M. L. Vitruvio Pollione di Architectura dal vero||esemplare latino nella volgar lingua tradotto: e con le figure a suoi luo||ghi con mirādo ordine insigni||to. Anchora con la tavola al||fabetica : nella quale facil||mente si potra trova||re la moltitudine||de vocaboli a||suoi luoghi|| cō gran||diligenza esposi : e dichiarati :||mai piu da alcuno altro sin||al presente strampato a||grande utilita di||ciascuno studioso. *In Vinegia, per Nicolo de Aristotele detto Zoppino*, 1535, in-fol. fig. sur bois, v. brun ant.

Cachet sur le titre.

118. Con il suo cōmento et figure Vitruvio in volgar lingua raportato per M. Gianbatista Caporali di Perugia. *Stampato in Perugia, nella stamparia del conte Jano Bigazzini*, 1536, in-fol. fig. sur bois, parch.

Piqûres et fortes mouillures.

119. Libro Primo (secondo, terzo, quarto) di Sebastiano Serlio, Bolognese. *In Venetia, appresso Gio. Battista et Marchio Sessa fratelli*, 1559, in-fol. planches, cart.

Feuillets raccommodés, mouillures.

120. Parallèle de l'architecture antique et de la moderne, avec un recueil des dix principaux auteurs qui ont écrit des cinq

ordres, par Roland Fréard de Chambray. *A Paris, chez Pierre Emery*, 1702, gr. in-fol. fig. cart. non rog.

La meilleure édition de cet ouvrage.

121. VREDMANN. La haulte et fameuse science, consistante en cincq manières d'édifices ou fabriques... qui sont icy posées avecq leurs règles fondamentales et démonstratives pour les faire parfaitement selon leur simmétrie, s'accordant pour la plupart à la doctrine de Vitruve. Ici sont encore adjoincts plusieurs magnifiques et superbes bâtiments à l'antique comme aussi quelques édifices et structures à la façon moderne... Inventé par Jean Vredeman et son fils Paul Vredeman. *S. l. n. d.* in-fol. obl. titre et 30 pl. gr. demi-rel. bas.

L'ouvrage entier est remonté.

122. Monographie du château d'Anet, construit par Philibert de L'Orme, dessinée, gravée et accompagnée d'un texte historique et descriptif, par Rodolphe Pfnor. *Paris, chez l'auteur*, 1867, in-fol. texte avec fig. et grandes planches gravées, montées sur onglets, demi-rel. chag. r.

123. Monographie de la chapelle de Notre-Dame de La Roche, texte, dessins et gravures par MM. Cl. et L. Sauvageot. *Paris, A. Morel*, 1863, in-4, 18 pp. de texte et 27 pl. gr. montées sur onglets, demi-rel. chag. La Vall.

124. Monographie de la cathédrale de Lyon, par Lucien Bégule, précédée d'une notice historique par M. C. Guigue. *Lyon, Mongin-Rusand*, 1880, petit in-fol. fig. et grandes planches gravées, demi-rel. mar. grenat, tête dor. ébarbé.

125. Notice sur l'église Saint-Hilaire, à Rouen, par L. Sauvageot. *Paris, Vve A. Morel*, 1879, in-4 de 35 pp. et 8 pl. gr. cart.

126. Notice sur les peintures de l'église de Saint-Savin, par M. P. Mérimée. *Paris, Impr. royale*, 1845, in-fol. front. et 42 pl. par Gérard Seguin, lithographiés en couleur par Engelmann, et montés sur onglets.

De la collection des *Documents inédits sur l'histoire de France.*

127. Grammaire de l'Ornement, par Owen Jones, illustrée d'exemples pris de divers styles d'ornement. Cent douze planches. *Londres et Paris*, in-fol. planches en chromolithog. cart. tr. dor.

128. Ornementation usuelle de toutes les époques dans les arts industriels et en architecture par R. Pfnor. *Paris, E. Devienne,* 1866-1868, 2 vol. in-4, fig. et pl. en chromolithog. demi-rel. chag. r.

129. Livre de types et de modèles gothiques tirés des monuments par V. Statz, G. Ungewitter et A. Reichensperger. Trad. de l'allemand par E. Kolloff. *Paris, Ad. Delahays,* 1858, in-fol. pl. en noir et en chromolithog. cart.

---

130. Recueil descriptif et raisonné des principaux objets d'art ayant figuré à l'exposition rétrospective de Lyon, 1877; quatre-vingt-trois planches (héliogravures) hors texte. *Lyon, impr. L. Perrin,* 1878, pet. in-fol. planches gravées montées sur onglets, demi-rel. mar. grenat, tête dor. ébarbé.

131. Wagons composant le train impérial offert à LL. MM. l'Empereur et l'Impératrice par la Compagnie du chemin de fer d'Orléans, construction et décoration de M. C. Polonceau et Viollet-le-Duc. *Paris, Bance,* 1857, in-fol. titre, 5 pp. de texte et 13 pl. en feuilles dans 1 carton.

132. Pirotechnia. Li diece libri della pirotechnia, nelliquali si tratta non solo la diversita delle minere, ma ancho quanto si ricerca alla pratica di esse : e di quanto s'appartiene all' arte della fusione over getto de metalli, e d'ogni altra cosa a questa somigliante. Composti per il S. Vannuccio Biringuecio nobile senese. *Vinegia, Giovan. Padoano,* 1550, in-4, titre encadré, fig. sur bois, vél.

Seconde édition, aussi rare et belle que la première.
Quelques taches. Piqûres de vers.

133. L'Art de la peinture sur verre et de la vitrerie, par feu M. Le Vieil. *S. l.* 1774, in-fol. à 2 col. 12 planches gravées, demi-rel. mar. La Vall.

Fortes mouillures.

134. L'Œuvre des peintres verriers français, par M. Lucien Magne, architecte. Verrières des monuments élevés par les Montmorency. — Montmorency, Ecouen, Chantilly. *Paris, Firmin Didot,* 1885, in-4, fig. br. et 8 grandes planches in-fol. dans 1 carton.

135. Les Douze Apôtres. Émaux de Léonard Limosin conservés à Chartres dans l'église Saint-Pierre; gravures par M. Alleaume, texte par G. Duplessis. *Paris, A. Lévy*, 1865, in-fol. 7 pp. de texte et 12 pl. en chromolithog. en feuilles dans un carton.

136. Les Troys Libvres de l'art du potier du cavalier Cyprian Piccolpassi, Durantoys, translatés de l'italien en langue françoyse par M. Claudius Popelyn. *Paris, Libr. internationale*, 1861, in-4, 39 planches gr. demi-rel. chag. vert.

---

137. Opera di M. Bartholomeo Scappi cuoco secreto di Papa Pio V, divisa in sei libri, nel primo si cõtiene il ragionamẽto che fa l'autore con Gio. suo discepolo. Nel secondo si tratta di diverse vivande di carne si di quadrupedi, come di volatili. Nel terzo si parla della statura, e stagione de pesci. Nel quarto si mostrano le liste del presentar le vivande in tavola cosi di grasso come di magro. Nel quinto si contiene l'ordine di far diverse sorti di paste, et altri lavori. Nel sesto et ultimo libro si ragiona de convalescenti, et molte altre sorti di vivande per gli infermi con il discorso funerale che fu fatto nelle esequie di Papa Paulo III. Con le figure che fanno bisogno nella cucina et alli Reverendissimi nel conclave. (A la fin :) *In Venetia, appresso Michele Tramezzino*, 1570, in-4, portrait et fig. vél.

Première édition d'un ouvrage curieux et très rare, orné de figures sur métal dont une grande planche représentant le cortège des cuisiniers servant le conclave ; il contient à la fin la relation pantagruélique des festins du conclave de 1549, et aux quatre derniers ff. l'oraison funèbre du pape Paul III prononcée par son cuisinier.

Quelques raccommodages ; les planches sont collées dos à dos.

138. Traité de Vénerie et de chasses (par Goury de Changran). *Paris, Hérissant*, 1769, 2 parties en 1 vol. in-4, 39 planches gr. br.

Première édition.

139. Livre du Roy Charles. De la chasse du cerf, publié pour la première fois d'après le manuscrit de la Bibliothèque de l'Institut par Henri Chevreul. *Paris, Aubry*, 1859, in-8, portr. et vign. en fac-similé, demi-rel. mar. La Vall. avec coins, fil. tête dor. non rog.

Exemplaire en papier de Chine.

BELLES-LETTRES

I. LINGUISTIQUE — RHÉTORIQUE — POÈTES LATINS

140. De Origine, usu et ratione vulgarium vocum linguæ gallicæ, italicæ et hispanicæ, libri primi sive A, centuria una. Auctore J. B. (Bourgoing) Parisiensi. *Parisiis, ex typographia Steph. Provosteau*, 1583, in-4, cart.

141. Delle Prose di M. Pietro Bembo nelle quali si ragiona della volgar lingua scritte al cardinale de Medici che poi e stato creato a sommo Pontefice et detto Papa clemente settimo, divise in tre libri, editio seconda. *In Vinegia*, 1546, pet. in-8, v. br. comp. (*Rel. de l'époque.*)

Raccommodages au titre, mouillures. La reliure est restaurée.

142. In hoc volumine hæc continentur : Rethoricorum ad C. Herennium lib. IIII. M. T. Ciceronis de Inventione lib. II. Eiusdem de oratore ad Quintum fratrem lib. III. Eiusdem de claris oratoribus q dicitur Brutus lib. I. Eiusdem Orator ad Brutum lib. I. Eiusdem Topica ad Trebatium lib. I. Eiusdem de optimi genere oratorum præfatio quædam. Index rerum notabilium quæ toto opere continentur, per ordinem alphabeti. *Venetiis, Aldus*, 1521, gr. in-8, demi-rel. bas.

Seconde édition aldine.
Annotations marginales manuscrites.

143. M. Tullii Ciceronis orationum pars I. Cum correctionibus P. Manutii et annotationib. D. Lambini. *Venetiis, ex bibliotheca Aldina*, 1570, in-8, peau de truie avec comp. à fr.

Quelques taches.

---

144. Titi Lucretii Cari de rerum natura libri sex. A Dyonisio Lambino, locis innumerabilibus ex auctoritate quinque codicum manuscriptorum emendati... et commentariis illustrati. *Parisiis et Lugduni, G. et P. Rovillius*, 1563, in-4, demi-rel. bas.

Première édition avec les commentaires savants de Lambin.

145. P. Virgilii Maronis opera Nic. Heinsii Dan. F. e membra-

nis compluribus usque antiquissimis recensuit. *Amstelodami, ex officina Elzeviriana*, 1676, in-24, br.

La dernière et la meilleure des éditions de ce format données par les Elzeviers d'Amsterdam (Willems, *les Elzevier* n° 1524.)

146. Quæ hoc volumine continentur... Ovidii Metamorphoseon libri quindecim. *Aldus*. (A la fin :) *Venetiis, in ædibus Aldi*, 1502, in-8, car. ital. cart. dos de vél.

Première édition aldine, rare.
Mouillures.

147. Ovidii Metamorphoseon libri XV. (A la fin :) *Venetiis, in ædibus Aldi et Andreæ soceri mense februario M.D.XVI.* (1516), in-8, cart. ital. mar. comp. (*Rel. anc.*)

Seconde édition aldine, aussi rare que la première et préférable pour le texte.
Jolie reliure de l'époque mais très fatiguée ; le titre est raccommodé ; mouillures et taches.

148. Pub. Ovidii Nasonis Metamorphoseon Libri XV. *Parisiis, apud H. de Marnef*, 1583, in-16, fig. sur bois, vélin.

149. Pub. Ovidii Nasonis Metamorphoseon Libri XV ad fidem editionum optimarum et codicum manuscriptorum examinati, animadversi, necnon notis illustrati opera et studio Thomæ Farnabii. Editio nunc primum in gallia et multis figuris æneis adornata. *Parisiis, sumptibus Ægidii Morelli*, 1637, in-fol. pl. gr. vél. blanc, fil. dor.

La reliure est datée de 1641.

150. Johan. Posthii Germershemii tetrasticha in Ovidii Metamor. libr. XV, quibus accesserunt Vergilii Solis figuræ elegantiss. & iam primum in lucem editæ. (A la fin :) *Impressum Francofurti, apud Georgium Corvinum, Sig. Feyrabent & hæredes Wygandi Galli*, 1563, in-8, texte latin et allemand, car. ital. fig. sur bois, v. ant. gr.

Première édition, fort rare.
Un assez grand nombre de ff. sont doublés et raccommodés et 3 ff. manquent. Taches et mouillures.

151. Di Ovidio le Metamorphosi, cioe trasmutationi, tradotte del latino diligentemente in volgar verso, con le sue allegorie, significationi et dichiarationi delle Favole in prosa. Aggiontavi novamēte la sua tavola dove piu facilmēte si potra trovare tutti i capitoli : con le sue figure appropiate, suoi luoghi con ordine poste. Et di nuovo corretto. (A la fin :) *Qui finisce lo Ovidio Metamorphoseos cōposto per Nicolo de Agus-*

tini, stampato per Nicolo di Aristotile detto Zoppino, 1537, in-4, fig. sur bois, v. br. ant. comp.

Édition rare. Le titre imprimé en rouge et noir est encadré et contient un portrait d'Ovide.

Exemplaire aux armes de ISAAC LE TENNEUR, CHEVALIER, SEIGNEUR DE MAROLLES.

Mouillures.

152. Le Trasformationi (di Ovidio) di M. L. Dolce. *In Vinegia, Gabr. Giolito*, 1557, in-4, à 2 col. fig. sur bois, cart.

Mouillures.

153. La Vita et Metamorphoseo d'Ovidio figurato et abbreviato in forma d'Epigrammi da M. Gabriello Symeoni. Con altre stanze sopra gl'effetti della luna : il Ritratto d'una fontana d'Overnia et un' Apologia generale nella fine del libro. *A Lione, per Giovanni di Tornes*, 1559, in-8, portr. sur le titre, texte et fig. sur bois, dans des encadrements variés, vél.

PREMIÈRE ÉDITION, fort recherchée, pour laquelle Jean de Tournes s'est servi des planches originales dues à Bernard Salomon.

Les opuscules annoncés sur le titre manquent. Fortes taches. Cachets sur le titre qui est remmargé.

154. Le Metamorfosi di Ovidio, ridotte da Giovanni Andrea dall' Anguillara in ottava rima. Et di nuovo da esso rivedute, et corrette. Con l'annotationi di M. Gioseppe Horologgi, et con gli argomenti di M. Francesco Turchi. *In Venetia, appresso Francesco de' Franceschi Sanese*, 1572, in-8 à 2 col. vign. sur bois, demi-rel. bas.

Fortes taches.

155. La Metamorfosi di Ovidio, ridotte de Giovanni Andrea dell' Anguillara in ottava rima, impressione sesta, al christianissimo Re di Francia Henrico secondo con l'annotationi di M. Gioseppe Horologgi. Novamente corretto et ristampato... *In Venitia, appresso Camillo Franceschini*, 1578, in-4, à 2 col. fig. sur bois de G. Franco, demi-rel. bas.

156. Pub. Ovidii Nasonis Heroidum Epistolæ. Auli Sabini ad earum aliquot responsiones. Guidonis Morilloni argumenta ac scholia. His accesserunt Joannis Baptistæ Egnatii observationes emendatæ. Eiusdem Ovidii aliquot alia opera. *Parisiis, apud H. de Marnef*, 1570, in-16, car. ital. fig. sur bois, demi-rel. chag. r. plats toile, tr. marb.

Édition rare ornée de jolies figures copiées sur celles du *Petit-Bernard*. Brunet ne cite que l'édition de 1574 qui est la réimpression de celle-ci.

157. Catullus, Tibullus, Propertius. (A la fin :) *Venetiis, in ædibus Aldi*, 1502, in-8, car. ital. v. ant. gr.

PREMIÈRE ÉDITION ALDINE rare et recherchée.
Taches et piqûres de vers.

158. Élégies de Tibulle par Mirabeau avec quatorze figures. *Paris*, 1798, 3 vol. in-8, portr. et fig. br.

159. Martialis. *Aldus*. (A la fin :) *Venetiis, in ædibus Aldi*, 1517, in-8, car. ital. bas.

160. Juvenalis cum tribus commentariis videlicet ‖ Ant. Mancinelli. ‖ Domitii Calderini. ‖ Georgii Vallæ. (A la fin :) *Venetiis impressum est hoc Juvenalis opus cum tribus commentis per Joannem de Cereto de Tridino. MCCCCLXXXXII* (1492), in-fol. de 8 ff. prél. 188 ff. chiff. et 4 ff. non chiff. demi-rel. mar. La Vall. plats toile, tr. marb.

C'est dans cette édition que parut pour la première fois le commentaire d'Ant. Mancinelli. Brunet ne parle que de 3 ff. non chiff. à la fin du vol. le 4e contient le registre et la marque de l'imprimeur.
Mouillures, taches et piqûres de vers.

161. M. Anneii Lucani de Bello civili libri decem. Eiusdem vita in fine operis. *Lutetiæ, ex officina Rob. Stephani typographi regii*, 1545, pet. in-8, bas. f. (*Armoiries*.)

Bonne édition, rare.

---

162. Marcelli Palingenii Stellati poetæ doctissimi Zodiacus vitæ, hoc est de Hominis vita, studio, ac moribus optime instituendis libri XII. *Lugduni, apud Joannem Tornæsium et Gul. Gazeium*, 1559, in-16, car. ital. ais de bois recouverts de v. br. ant. comp. à fr. et dor.

Reliure fatiguée.

163. Clarissimi viri Hyginii poeticon astrono ‖ micon. Opus utilisimum (*sic*) fœliciter incipit. ‖ De mundi et spæræ ac utriusq; partium declaratione. Liber ‖ primus. (A la fin :) *Anno salutifere incarnationis millesimo quadringentesimo* ‖ *octogesimo octavo mensis Junii die septima, Impressum est præ* ‖ *sens opusculum p Thomam de blavis de Alexandria.* ‖ *Venetiis* (1488), in-4, goth. fig. sur bois, dérel.

Cette édition est ornée de figures sur bois qui sont la copie de celles gravées par Ratdolt pour l'édition de *Venise*, 1482.

164. Actii Synceri Sannazarii de Partu Virginis. Lamentatio

de morte Christi. Piscatoria, Petri Bembi Benacus. Augustini Beatiani Verona. *Venetiis*, *Aldus*, 1528, in-8, cart.

Deuxième édition aldine augmentée.
Taches et mouillures.

165. Stultifera navis mortalium, in qua fatui affectus, mores, conatus atque studia quibus vita hæc nostra in omni hominum genere, scatet, cunctis sapientiæ depinguntur et velut in speculo ob oculos ponuntur. Liber salutaribus doctrinis et admonitionibus plenus. Olim a Clariss. Viro D. Sebastiano Brant germanicis rythmis conscriptus et per Jacobum Locher latinitati donatus : nunc vero revisus et elegantissimis figuris recens illustratus. *Basileæ*, *Seb. Henric. Petri*, 1572, in-8, car. ital. fig. sur bois, demi-rel. bas.

Taches, cassures, piqûres de vers.

166. Opus Merlini Coccaii poetæ mantuani Macaronicorum. *Venetiis*, *apud Horatium de Gobbis*, 1581, pet. in-12, fig. sur bois, demi-rel. v. r.

Cachet sur le titre, cassure à la p. 26 et mouillures.

II. POÈTES FRANÇAIS

167. Collection des Poètes champenois antérieurs au siècle de François Ier. *Reims*, 1850-1861, 10 tomes en 7 vol. in-8, 3 en demi-rel. v. f. et 4 br.

Les Chansonniers de Champagne; Agnès de Navarre, en 1 vol. — Le Roman de Girard de Viane; Le Roman du Chevalier de La Charette, en 1 vol. — Œuvres de Philippe de Vitry; Œuvres de Guillaume de Machault, en 1 vol. — Proverbes champenois antérieurs au XVIe siècle. — Huon de Mery. Le Tornoiement de l'Antechrist. — Herbert Leduc. Le Roman de Foulque de Candie. — Le Roman des quatre fils Aymon. (Ex. en *papier bleu*.)

On a ajouté : La Chronique de Rains. *Paris*, *Techener*, 1837, demi-rel. bas. non rog.

168. Romans des XII pairs. *Paris*, *Techener*, 1830-1842, 6 vol. in-8, dont 4 br. et 1 rel.

Garin le Loherain, 2 vol. (II et III). — Parise la Duchesse (IV). — Ogier de Danemarche, 2 vol. (VIII et IX). — Berte aus grans piès.

169. Le Romant du Saint-Graal, publié pour la première fois d'après un manuscrit de la Bibliothèque royale par Fran-

cisque Michel. *Bordeaux, Prosper Faye,* 1841, in-12, demi-rel. mar. vert, tête dor. non rog.

Tiré à petit nombre.

170. Credo de Joinville, fac-similé d'un manuscrit unique précédé d'une dissertation par Amb. Firmin Didot et suivi d'une traduction en français moderne par le chevalier Artaud de Montor. *Paris, Ambr. Firmin Didot,* 1870, in-4 de 74 pp. fac-similé, demi-rel. mar. La Vall. avec coins, fil. tête dor. non rog.

Exemplaire en PAPIER DE CHINE.

171. Roman de Mahomet, en vers du XIIIe siècle par Alexandre Du Pont et Livre de la Loi au Sarrazin en prose du XIVe siècle par Raymond Lulle, publiés par MM. Reinaud et Francisque Michel. *Paris, Silvestre,* 1831, in-8, br.

172. Le Romant en vers de très excellent, puissant et noble homme Girart de Rossillon jadis duc de Bourgogne, publié pour la première fois d'après les manuscrits de Paris, de Sens et de Troyes, avec de nombreuses notes et 9 dessins dont 6 chromolithographiés, par Mignard. *Paris, Techener,* 1858, in-8, fig. en noir et en couleur, br.

173. Le Roman du Renard, traduit pour la première fois d'après un texte flamand du XIIe siècle, édité par J.-F. Willems : augmenté d'une analyse de ce qu'ont écrit, au sujet des romans français du Renard, Legrand d'Aussy, Robert, Raynouard, etc., par Octave Delepierre. *Paris, Challamel, s. d.* in-8, cart. dos de perc. non rog.

174. Speculum vitæ aulicæ de admirabili fallacia et astutia vulpeculæ Reinikes libri quatuor, nunc primum ex idiomate germanico latinitate donati, adjectis elegantissimis iconibus, veras omnium apologorum animaliumq; species ad vivum adumbrantibus, auctore Hartmanno Schoppero. *Francof. ad Mœn.* 1584, in-12, fig. sur bois à mi-page, v. br. ant.

Édition recherchée. Les 50 curieuses figures qui ornent ce livre sont dues à Jost Amman et Virg. Solis.

175. Œuvres complètes de Rutebeuf, trouvère du XIIIe siècle, recueillies et mises au jour par Ach. Jubinal, *Paris, Ed. Pannier,* 1839, 2 vol. in-8, demi-rel. mar. La Vall. dos orné, fil. tête dor. non rog.

Édition tirée à petit nombre.

176. Le Roman de la Rose par Guillaume de Lorris et Jean de Meung. Nouvelle édition revue et corrigée par Francisque Michel. *Paris, Didot*, 1864, 2 vol. in-12, demi-rel. chag. r. ébarbé.

177. Les Poésies du duc Charles d'Orléans, publiées sur le manuscrit de la Bibliothèque de Grenoble, par Aimé Champollion-Figeac. *Paris*, 1842, in-12, demi-rel. cuir de Russie avec coins, fil. tête dor. non rog.

178. La Grande Diablerie, poème du xve siècle, par Eloy d'Amerval. *Paris, Hurtrel*, 1884, in-16, vign. en couleur, br.

179. A. Gasté. Chansons normandes du xve siècle publiées pour la première fois sur les mss. de Bayeux et de Vire, avec notes et introduction. *Caen, Le Gast-Clérisse*, 1866, in-12, front. demi-rel. chag. violet, plats toile, tête dor. non rog.

180. Réimpression de gothiques du xvie siècle en fac-similé. *S. l. n. d.* 4 parties en 1 vol. in-16, demi-rel. mar. vert avec coins, dos orné, fil. tête dor. ébarbé.

La Fleur de toute joyeuseté, contenant Epistres, Ballades et Rondeaux joyeux et fort nouveaux. — Les Moyens d'éviter mérencolye. — Le Playsant boutehors doysiveté. — Recueil de tout Soulas et plaisir et Parangon de poésie.

181. Euvres de Louïze Labé, lionnoize. *Paris, Simon Raçon*, 1853, in-8, titre et texte encadrés, mar. grenat, dos orné, fil. dent. int. tr. dor.

Édition publiée par Cailhava et Monfalcon, tirée à 120 exemplaires.

182. Œuvres inédites de Pierre de Ronsard, gentilhomme Vandomois, recueillies et publiées par Prosper Blanchemain. *Paris, Aug. Aubry*, 1855, in-12, portr. demi-rel. mar. chamois avec coins, fil. tête dor. non rog.

Exemplaire en PAPIER CHAMOIS.

183. Ferry Julyot. Les Élégies de la Belle Fille lamentant sa virginité perdue, avec une introduction et des notes par E. Courbet. *Paris, Lemerre*, 1868, in-16, demi-rel. chag. La Vall.

184. Les Muses françoises raliées de diverses parts, ou Recueil de diverses poésies de différents auteurs de ce temps, par le sieur D'Espinelle. *Paris, Math. Guillemot*, 1599, 2 parties en 1 vol. in-12, bas.

ÉDITION ORIGINALE, rare.
Exemplaire incomplet du titre, déchirure aux ff. 98 et 99.

185. Les Epistres en vers et autres œuvres poétiques de M. de Bois-Robert-Metel. *A Paris, chez Aug. Courbé*, 1659, in-8, bas.

186. Fables choisies, mises en vers par M. de La Fontaine. *Paris, Charles Osmont*, 1709, 5 vol. in-12, vign. vél.

Réimpression des figures en taille-douce de J. Cause.

187. Contes et nouvelles en vers, par M. de La Fontaine. *Amsterdam*, 1764, 2 vol. in-8, front. portr. vign. fig. et culs-de-lampe, mar. r. dos orné, fil. dent. int. tr. dor.

Imitation de l'édition des *Fermiers généraux*.

188. Virgile travesti, en vers burlesques de Scarron. *Paris, David*, 1752, 3 vol. in-12, v. ant. gr.

189. Poésies sacrées traduites ou imitées des psaumes (par Desfontaines Guyot, prêtre). *A Rouen, et se vend à Paris*, 1718. in-12, mar. r. tr. dor. (*Rel. anc.*)

190. Diverses petites poésies du chevalier d'Aceilly (Jacques de Cailly). Premier volume. *Paris, André Cramoisy*, 1667, in-12, v. ant. marb.

ÉDITION ORIGINALE de ces jolies poésies. Il n'en a jamais paru que ce volume.

Exemplaire avec le titre portant au bas cette mention plaisante : *Et se donnent au Palais*, qu'on ne trouve que sur quelques rares exemplaires.

Taches et mouillures.

191. Fables nouvelles, par M. de La Motte. *Paris, Dupuis*, 1719, in-4, front. et fig. v. ant. marb.

Le titre manque.

Mouillures.

192. La Henriade, poème par Voltaire. Nouvelle édition collationnée sur les textes originaux. *Paris, L. de Bure*, 1836, in-12, portr. et fig. demi-rel. mar. vert avec coins, plats toile, tête dor. ébarbé.

On a ajouté la suite des 10 figures in-8 de Desenne.

193. Les Sens, poëme en six chants (par Du Rosoi). *Londres* (*Paris*), 1766, in-8, front. fig. et vign. v. f. ant. fil.

194. La Peinture, poëme en trois chants par M. Le Mierre. *Paris, chez Le Jay, s. d.* (1769), in-4, fig. de Cochin, bas.

On a ajouté : Lettres sur la sculpture à M. Théod. de Smeth, ancien président des échevins de la ville d'Amsterdam (par Fr. Hemsterhuys). *Amsterdam*, 1769, in-4 de 31 pp. et 2 pl.

195. Historiettes ou Nouvelles en vers, par M. Imbert. *Amsterdam* (*Paris*), 1774, in-8, fig. titre gr. et vign. cart. non rog.

Exemplaire en PAPIER DE HOLLANDE.
Mouillure au titre.

196. Origine des Grâces, par Mademoiselle D**** (Dionis). *Paris*, 1777, in-8, fig. de Cochin, bas.

197. Dix Églogues, poèmes bucoliques, par Pierre Dupont. *Lyon*, 1864, in-4, cart. dos de perc. non rog.

Exemplaire en PAPIER ROSE.

198. Victor Hugo. L'Art d'être grand-père. *Paris*, 1884, in-4, portr. et vign. br.

III. POÈTES ITALIENS. — POÈTES ALLEMANDS.

199. Il Petrarca. *Aldus*, 1533, pet. in-8, car. ital. demi-rel. v. gris avec coins.

Édition recherchée, dédiée par Paul Manuce à *Jean Boniface, marquis d'Oria*.

Le titre est refait à la plume. Raccommodages aux premiers et aux derniers feuillets.

200. Canzoniere et triomphi di Messer Francesco Petrarcha. *Impresso in Venegia, per Bernardino Bindoni*, 1541, in-8, car. ital. fig. sur bois, vél.

Taches.

201. Il Petrarcha con la spositione di M. Giovanni Andrea Gesualdo al magnif. M. Bernardo Priuli, fu del magnifico M. Giacomo per Domenico Giglio. (A la fin :) *In Venetia, per Domenico Giglio*, 1553, pet. in-4, titre et vign. sur bois, demi-rel. bas.

Belle et bonne édition.
Le titre est doublé; mouillures et raccommodages.

202. Il Petrarca, colla espositione di M. Alessandro Vellutello. *In Vinegia, per Giovan. Griffio*, 1554, in-4, car. ital. fig. sur bois, vél.

Le titre manque.

203. La Divina Comedia di Dante di nuovo alla sua vera lettione ridotta con lo aiuto di molti antichissimi esemplari.

Con argomenti, et allegorie per ciascun canto, et apostille nel margine et indice copiosissimo di tutti i vocabuli piu importanti usati dal poeta, con la spositione loro. *In Vinegia, G. Giolito de Ferrari*, 1555, in-12, car. ital. fig. sur bois, vél.

Bonne édition, bien imprimée.
Raccommodage au titre. Taches.

204. Dante con l'espositioni di Christoforo Landino et d'Alessandro Vellutello, sopra la sua comedia dell' Inferno, del Purgatorio, et del Paradiso, con tavole, argomenti, et allegorie, et riformato, riveduto et ridotto alla sua vera lettura per Francesco Sansovino fiorentino. *In Venetia*, 1596, in-fol. fig. sur bois, bas.

Fortes mouillures.

205. Opere di Girolamo Benivieni Fiorentino novissimamente rivedute et da molti errori espurgate con una cãzona dello Amor celeste & divino, col cōmẽto dello Ill. S. conte Giovãni Pico Mirãdolano distinto in libbri III. et altre frottole de diversi auttori. *Stampato in Vinegia per Gregorio de Gregori*, 1524, in-8, car. ital. vél.

Édition recherchée.
Fortes mouillures et raccommodages.

206. L'Ulisse di M. Ludovico Dolce da lui tratto dall' Odissea d'Homero et ridotto in ottava rima. *In Vinegia, Gabr. Giolito*, 1573, in-4 à 2 col. fig. sur bois, vél.

207. Sonetti Canzoni di M. Jacobo Sannazaro gentilhomo napolitano. (A la fin :) *In Venetia, per Alexandro Paganino*, 1531, in-8, titre encadré, vél.

Bonne édition, rare.
Piqûres de vers, bouchées aux derniers ff.

208. Arcadia del Sannazaro. (*Venise*), *Aldus*, 1534, pet. in-8, de 92 ff. car. ital. vél.

Légères mouillures.

209. Arcadia di M. Giacomo Sannazaro nuovamente corretta & ornata di figure & di annotationi da M. Francesco Sansovino. Con la vita dell' auttore, descritta da Monsig. Paolo Giovio, & con la dichiaratione de tutti le voci oscure, cosi latine come volgari che sono nell' opera. *In Venetia, Giovanni Varisco*, 1586, in-12, fig. sur bois, demi-rel. bas.

Taches et raccommodages.

210. La Gerusalemme liberata di Torquato Tasso con le annotationi di Scipion Gentili, e di Giulio Quastavini et li argomenti di oratio Ariosti. *Stampata per Giuseppe Pavoni ad instanza di Bernardo Castello, in Genova, l'anno* 1617, in-fol. front. titre et planches gravés, demi-rel. bas.

Édition ornée de figures d'après Aug. Carrache et I. Franco.

211. Jerusalem délivrée, poème du Tasse. Nouvelle traduction. *Paris, Musier fils*, 1774, 2 vol. in-8, front. vig. et fig. de Gravelot, v. ant. marb.

212. La Caccia di Diana, poemetto di Giovanni Boccaccio ora per la prima volta publicato per cura di J. Mousier. *Firenze, Magheri*, 1832, in-8, demi-rel. chag. r. non rog.

Exemplaire en GRAND PAPIER, tiré de format in-4.

213. Orlando Furioso di M. Ludovico Ariosto. Ornato di varie figure, cō alcune stanze del medesimo nuovamente aggiunte, et alcune altre del Alvigi Gonzaga in lode dell'istesso. Aggiuntovi per ciascun canto alcune allegorie, et nel fine una breve espositione, et tavola di tutto quello che nell'opera si contiene. *In Vinegia, appresso Gabriel Giolito de Ferrari*, 1547, in-8 à 2 col. vign. sur bois, vél.

Jolie édition, recherchée.
Mouillures.

214. Orlando Furioso di M. Lodovico Ariosto tutto ricorretto, et di nuove figure adornato. Con le Annotationi, gli Avvertimenti, & le Dichiarationi di Girolamo Ruscelli, la vita dell'autore descritta dal signor Giovambattista Pigna, gli Scontri de' luoghi mutati dall'autore doppo la sua prima impressione, la Dichiaratione di tutte le Istorie, & Favole, toccate nel presente libro, fatta dal M. Nicolo Eugenico. Di nuovo Aggiuntovi li cinque Canti, del medesimo autore. Et una Tavola de principii di tutte le stanze et altare cose utili & necessarie. *In Venetia, appresso Vincenti Valgrisi*, 1566, pet. in-4 à 2 col. fig. sur bois, vél.

Édition plus complète que celle de 1556; elle est ornée des figures de Dosso Dossi.
Taches et fortes mouillures. Manquent de nombreux feuillets.

215. Orlando furioso di M. Lodovico Ariosto, tutto ricorretto, & di nuove figure adornato, aggiuntovi per ciascun canto alcune bellissime allegorie. Et di nuovo postovi i cinque

canti del medesimo auttore. *In Venetia, Pietro Dehuchino*, 1574, in-16, fig. sur bois, vél.

216. Orlando furioso di M. Lodovico Ariosto, tutto ricorretto, et di nuove figure adornato. *In Venetia, appresso Felice Valgrisi*, 1587, in-4 à 2 col. car. ital. planches gravées sur bois, bas. (*Armoiries sur les plats.*)

217. Orlando furioso di M. Lodovico Ariosto, con gli argomenti in ottava rima di M. Lodovico Dolce, et con le allegorie a ciascun canto di Thomaso Porcacchi da Castiglione Aretino. Diligentemente corretto, et di nuovo figure adornato. *In Venetia, Nicolo Misserino*, 1617, in-8 à 2 col. fig. sur bois, vél.

Jolie édition.

Le titre est doublé. Taches, mouillures, piqûres de vers.

218. Roland furieux, composé premièrement en ryme thuscane par Messire Loys Arioste, noble Ferraroys, et maintenant traduit en prose françoyse : partie suyvant la phrase de l'autheur, partie aussi le stile de ceste nostre langue. *A Lyon, chez Sulpice Sabon, pour Jehan Thellusson,* 1544, in-fol. v. brun, fil.

Édition très rare.

219. Roland furieux, par Messire Loys Arioste gentilhomme de Ferrare. Traduit naïvement de l'italien en françois (par Gabr. Chappuys, Tourangeau). Dernière édition augmentée de la suite, etc. *A Lyon, chez P. Rigaud*, 1616, 2 parties en 1 vol. in-8, fig. sur bois.

220. La Secchia rapita, poema eroicomico di Alessandro Tassonii, colle dichiarazioni di Gaspare Salviani : s'agguingono la prefazione, e le annotazioni di Gianandrea Barotti; le varie lezioni e la vita del poeta, composta da L. Ant. Muratori. *In Modena, B. Soliani*, 1744, in-4, planches, demi-rel. bas. bleue, non rog.

L'une des meilleures éditions de ce poème.

221. Bertoldo con Bertoldino e cacasenno in ottava rima con argomenti, allegorie. *In Venezia*, 1739, in-8, fig. cart. non rog.

Figures de Crivellari d'après J. M. Crespi.

222. Cento Favole bellissime dei piu illustri antichi e mo-

derni autori greci et latini, scielte da M. Gio.-Mario Verdizotti : nelle quali oltre l'ornamento, e belle figure, si contengono molti precetti pertinenti alla prudenza della vita virtuosa, e civile. *In Venetia, Francesco Ginammi*, 1661, in-8, fig. sur bois, cart.

Les figures qui ornent cet ouvrage sont dues à Verdizotti lui-même : quelques-unes furent gravées d'après des dessins du Titien.

Exemplaire mouillé, taché et très incomplet.

---

223. Die Geferlicheitē ‖ und Geschichten des löblichen streyt‖ baren unnd hochberiempten Helds ‖ und Ritters Teürdancks. (A la fin :) *Gedruckt in der kayserlichen Statt Augspurg durch Haynrich Stainer, MDXXXVII* (1537), in-fol. goth. à 2 col. de 2 ff. prél. 98 ff. chiff. et 4 ff. non chiff. fig. sur bois, demi-rel. mar. grenat, tr. marb.

Poème chevaleresque composé par Melchior Pfinzing à l'occasion du mariage de Maximilien Ier avec la princesse Marie de Bourgogne. Il est orné de belles figures sur bois par J. von Negker et autres, d'après les dessins de Hans Schaüffelein.

Quelques raccommodages dans le cours du volume.

224. Les Quatre Parties du jour, poëme traduit de l'allemand de M. Zacharie. *A Paris, chez J. B. G. Musier fils*, 1769, in-8, front. fig. vignettes et cul-de-lampe par Eisen, non relié.

Manque la figure du Midi.

IV. THÉATRE.

225. P. Terentii Afri comœdiæ ex emendatissimis codicibus summa diligentia castigatæ. *Parisiis, apud Joannem de Roigny,* 1552, in-fol. à 2 col. fig. bas.

Édition donnée par Thierry de Beauvais. Le texte est entouré d'amples commentaires, chaque scène est précédée de vignettes sur bois.

Piqûres de vers. Reliure fatiguée.

226. L. Annæi Senecæ Tragœdiæ. *S. l. n d.* pet. in-12, vél. dos orné, fil. et comp. dor. tr. dor.

Exemplaire réglé et recouvert d'une reliure du XVIe siècle, à compartiments avec armoiries.

Le titre et le dernier f. manquent. Légères taches et cassures.

227. La Farce de maistre Pierre Pathelin avec son Testament

à quatre personnages. Nouvelle édition. *Paris, Coustellier*, 1723, in-12, bas.

Fort raccommodage à la page 51.

228. Les Amans magnifiques. Comédie meslée de musique et d'entrées de balet par J.-B. P. de Molière, représentée pour le roy à Saint-Germain-en-Laye, au mois de février 1670, sous le titre de Divertissement Royal. *S. l. n. d.* in-12, cart.

Imprimé pour la première fois dans le huitième tome des Œuvres de Molière. *Paris*, 1682, dont ce volume est extrait.

Fortes taches et mouillures.

229. La Folle Journée ou le Mariage de Figaro, comédie en cinq actes en prose, par M. de Beaumarchais. *Paris, Ruault*, 1785, in-8, fig. cart. dos de vél.

Édition originale avec la suite des figures de Saint-Quentin, dite suite de *Malapeau*.

230. Aminta, favola boschereccia del S. Torquato Tasso. Di novo corretta, et di vaghe figure adornata. *In Venetia, presso Aldo*, 1589, fig. — Il Re Torrismondo, tragedia del Sig. Torquato Tasso. Accommodata di nuovo in molti luoghi secundo la intentione dell' autore con una giunta del medesimo. *Venetia, Zoppini*, 1588. — Ens. 2 ouvrages en 1 vol. pet. in-12, car. ital. fig. sur bois, vél.

Quelques taches.

231. Il Pastor fido Tragicommedia pastorale, del molto illustre sig. cavaliere Battista Guarini ora in questa xxvii impressione di curiose et dotte annotationi articchito, et di bellissime figure in rame ornato. *In Venetia*, 1602, in-4, fig. v. ant. marb.

Édition recherchée.

232. Filli di Sciro favola pastorale del conte Guidubaldo Bonarelli della Rovere. *Londra, presso L. Nardini*, 1800, 2 tomes en 1 vol. in-8, v. tr. dor.

Réimpression sur beau papier vélin, faite à petit nombre.

233. ¶ Celestina, || een Tragicomedie van Calisto ende || Melibea, inde welcke (buyten haren playsanten || ende lucten sin) staen veel prolytelyche eñ wyse sen||tentien ost spreelvoorden : ende veel nootsakelyke || waersconwingen bysonder voor ionge gesellen be||toonende haer merchelyc ghelyck als in eenẽ claren spieghel dat groot bedroch vanden

pluym‖stryckers van ontrouven dienaers ‖ ende van den coppelerssen. ‖ Nu eerst nieu getranslateert vut den spaensche ‖ in onser gemeynder duytscher spraken. *Tantwerpen, by Heyndrich Heyndrier*, 1574, pet. in-8, goth. fig. sur bois, vél.

Traduction très rare, non citée.
Taches et mouillures.

V. ROMANS ET CONTES.

234. La Moral Filosofia del Doni, tratta dagli antichi scrittori; allo illustr. S. Don Ferrante Caracciolo dedicata. *In Vinegia, per Francesco Marcolini*, 1552, 2 parties en 1 vol. in-4, car. ital. titre et fig. sur bois, vél.

Édition originale de ce curieux ouvrage composé de fables, allégories, anecdotes, tirées des conteurs indiens. La seconde partie a une pagination séparée et est intitulée : *Trattati diversi di Sendebar indiano.*
Fortes mouillures.

235. Apulée. L'Ane d'or ou la Métamorphose. Traduction de Savalète. Préface de J. Andrieux. Avec nombreuses gravures, dessinées par A. Racinet, P. Bénard. *Paris, Didot*, 1872, in-8, texte encadré, fig. br.

---

236. Romans de chevalerie; Contes de fées; Histoires merveilleuses; Nouvelles et Facéties, etc. imprimées à Troyes, Lille, Épinal, au XVIIIe et au commencement du XIXe siècle. — Ens. 131 pièces in-16, in-12, in-8 et in-4, cart. et br.

237. Œuvres de Rabelais, collationnées pour la première fois sur les éditions originales, accompagnées d'un commentaire nouveau, par MM. Burgaud des Marets et Rathery. *Paris, Didot*, 1872, 2 vol. in-8, papier vergé, portr. br.

238. Les Songes drolatiques de Pantagruel, reproduction facsimilé du texte et des 120 planches de l'édition originale, Paris, R. Breton; augmentée d'un portrait et d'une notice bibliographique, par M. P. Lacroix. *Genève, J. Gay*, 1868, in-8, planches, demi-rel. chag. bleu.

239. Histoire de l'origine de la royauté et du premier établissement de la grandeur royale (par de Pelisseri). *S. l.*

n. d. in-8, fig. à mi-page en taille-douce, v. ant. marb.

Roman de la fin du XVIIe siècle qui n'a rien d'historique.

240. Les Quatre Facardins, conte, par M. le comte Ant. Hamilton. *Paris*, *Josse*, 1730, in-8, v. ant. marb.

ÉDITION ORIGINALE.
Exemplaire aux armes de MONTMORENCY-LUXEMBOURG.

241. Paul et Virginie, par J.-H. Bernardin de Saint-Pierre. *Paris*, *Curmer*, 1838, in-8, fig. et vign. demi-rel. chag. vert, plats toile, tr. dor.

242. Les Amours de Zoroas et de Pancharis (par Ph. Petit-Radel). *Paris*, *Patris*, 1802, 3 vol. in-8, fig. br.

243. Raccolta di ventisei novelle di Mad. A. Tastu, E. Deschamps, de Chateaubriand, la Principessa de Craon, etc.; traduzione dal franceze di Filippo Moise. *Firenze*, 1837, in-8, fig. sur acier, cart.

244. Les Contes drolatiques ... mis en lumière par le sieur de Balzac; cinquiesme édition illustrée de 425 dessins par Gustave Doré. *Paris*, *ez Bureaux de la Société générale de librairie*, 1855, pet. in-8, fig. cart. non rog.

PREMIÈRE ÉDITION illustrée par Gustave Doré.

245. Contes de Charles Nodier. Eaux-fortes de Tony Johannot. *Paris*, *Lecou et Hetzel*, *s. d.* in-8, fig. demi-rel. chag. violet, plats toile, tr. dor.

246. Victor Hugo. Notre-Dame de Paris. Édition illustrée d'après les dessins de MM. E. de Beaumont, L. Boulanger, Daubigny, T. Johannot, etc. *Paris*, *Perrotin*, 1844, in-8, front. fig. et vign. demi-rel. chag. vert.

---

247. Laberinto d'amore di M. Giovanni Boccaccio, con una Epistola a messer Pino et Rossi confortatoria del medesimo autore. (A la fin:) *Impsso in Firenze*, 1525, in-8, car. ital. demi-rel. v. r.

Édition rare, sortie des presses de Bernardo di Giunta.
Quelques taches.

248. Il Decamerone di M. Giovanni Boccaccio di nuovo emendato secondo gli antichi essemplari, con la diversita di molti testi in margine, ed espositione de'luoghi difficili

(con la vita dell'autore scritta da Francesco Sansovino). *In Vinegia, appresso Gabriel Giolito de Ferrari*, 1546, in-4, lettres ornées et vignettes gravées sur bois, v. brun ant.

Première édition donnée par Louis Dolce et dédiée à la Dauphine Catherine de Médicis.

Fortes mouillures.

249. Il Decameron di messer Giovanni Boccacci. Di nuovo ristampato e riscontrato in Firenze contesti antichi et alla sua vera lettione ridotto dal cavalier Lionardo Salviati. *In Venetia, appresso Alessandro Vecchi*, 1552, in-4, car. ital. fig. sur bois, v. brun ant.

Raccommodage au titre.

250. Hypnerotomachie, ou Discours du songe de Poliphile, déduisant comme amour le combat à l'occasion de Polia, soubz la fiction de quoy l'aucteur monstrant que toutes choses terrestres ne sont que vanité, traicte de plusieurs matières profitables, et dignes de mémoire. Nouvellement traduict de langage italien en françois. *A Paris, pour Jacques Kerver, à la Licorne, rue Saint-Jacques*, 1561, in-fol. fig. mar. r. fil. à fr. dent. int. tr. dor.

Bel ouvrage orné de nombreuses et remarquables gravures sur bois attribués à Jean Goujon ou à Jean Cousin; suivant M. Cigognara, le cardinal de Lenoncourt serait le traducteur de cet ouvrage.

La planche qui représente le sacrifice à Priape a un léger raccommodage.

Quelques restaurations.

251. Il Primo volume (et secondo) delle Novelle del Bandello novamente corretto et illustrato dal sig. Alfonso Ulloa. *In Venetia, appresso Camillo Franceschini*, 1566, 2 parties en 1 vol. in-4, bas. ant.

Tomes I et II.

252. Les Nouvelles de Miguel de Cervantes Saavedra où sont contenues plusieurs advantures et mémorables exemples d'Amour, de Fidélité, de Force, de Sang, de Jalousie, de mauvaises habitudes, de charmes et d'autres accidens non moins étranges que mémorables. Traduites d'espagnol en françois, les six premiers par F. de Rosset, et les six autres par le sieur d'Audiguier. Avec l'histoire de Rui Dias et de Quixaire, princesse des Moluques, composée par le sieur de Bellan. *Paris, La Coste*, 1633, in-8, vél.

Mouillures.

253. Werther, par Gœthe, traduction nouvelle précédée de considérations sur Werther et en général sur la poésie de notre époque, par Pierre Leroux, accompagnée d'une préface par George Sand. Dix eaux-fortes par Tony Johannot. *Paris, Hetzel*, 1845, in-8, fig. cart. perc. fers spéciaux, tr. dor.

Premier tirage.

VI. FACÉTIES. — SATIRES. — EMBLÈMES.

254. Hecatomphila di messer Leon Battista Alberto Fiorentino, ne laquale ne insegna l'ingeniosa arte d'Amore, mostrandone il perito modo d'amare, ove di sempii, et rozzi, saggi, et gentili ne fa divenire. *In Venetia*, 1545, 16 ff. — Deiphira di messer Leon Battista Alberto Firentino ne laquale ne insegna amare tẽperatamente, & ne fa divenire, o piu dotti ad amare, o piu prudenti à fuggir amore, novamẽte stampata. *In Venetia*, 1545, 15 ff. — Ens. 2 ouvrages en 1 vol. pet. in-8, car. ital. mar. La Vall. à long grain, tr. dor.

Très court. Feuillet remmargé.

255. La Supplica Discorso famigliare di Nicolo Barbieri detto Beltrame diretta a quelli che scrivẽdo o parlando trattano de comici trascurando i meriti delle azzioni virtuose. Lettura per que galanthuomini che non sono in tutto critici ne affato balordi. *In Venezia, per Marco Ginammi*, 1634, in-8, titre gr. vél.

Titre curieux gravé sur cuivre.
Taches et mouillures.

256. Mémoires de l'Académie des Sciences, Inscriptions, Belles-Lettres, Beaux-Arts, etc. ci-devant établie à Troyes en Champagne. Troisième édition corrigée et complettée. *S. l.* 1768, in-12, br.

Réunion de pièces facétieuses et scatologiques dues à P.-J. Groley, André Lefèvre, David, etc.

257. Navicula sive speculũ fatuorꝫ || Prestitissimi sacra ꝑ literarũ doctoris Joannis Geyler Key || sersbergii concionatoris Argẽtinẽn, in sermones iuxta tur||marum seriem divisa : suis figuris iam insignita : a Jacobo || Othero diligenter collecta. || Compendiosa vite eiusdem descriptio per || Beatum Rhenanum Selestatinum. (A la fin :) *Argentorati transcriptum*, 1511, in-4 goth. fig. sur bois, parch.

Première édition de cette satire contre les mœurs du temps et surtout contre les abus de l'Église romaine. Elle est ornée de très curieuses figures sur bois.

Exemplaire taché, raccommodé et incomplet des ff. m 4, o 1, t 1. Quelques figures sont coloriées.

---

258. Omnia D. And. Alciati Emblemata ad quæ singula, præter continuas acutasque inscriptiones, lepidas & expressas imagines, ac cætera omnia, que prioribus nostris editionibus... continebantur. Nunc primum... adiecta sunt Epimuthia. *Lugduni, apud Guil. Rovillum*, 1574, in-16, fig. demi-rel. v. f.

Taches.

259. Livret des Emblèmes d'André Alciat. *S. l. n. d.* in-8, fig. sur bois, cart.

Fragment de l'édition de *Paris, Wechel*, 1539 (ou 1540) contenant la traduction de Jehan Lefevre. Il commence à la page 63 et s'arrête à la page 245.

Fortes taches et mouillures.

260. Diverse imprese accommodate a diverse moralita, con versi che i loro significati dichiarano insieme con molte altre nella lingua italiana non piu tradotte trattate dagli Emblemi dell' Alciato. *In Lione, appresso Gulielmo Roviilio*, 1564, in-8, titre et texte encadrés, fig. sur bois, vél.

Les vers italiens qui accompagnent cette traduction des Emblèmes d'Alciat, sont de Giov. Marquale. Les planches sont la reproduction de celles de l'édition française de 1549.

Fortes déchirures, mouillures et taches.

261. Le Theatre des bons Engins, auquel sont contenuz cent emblêmes moraulx, composé par Guillaume de La Perrière Tolosain, et nouvellement par iceluy lime, reveu & corrigé. *De l'imprimerie de Denys Janot* (*Paris*, 1539), pet. in-8, texte et figures sur bois dans un cadre, dérel.

Première édition avec figures.

Manquent le titre et 4 feuillets. Forts raccommodages et taches.

262. La Morosophie de Guillaume de La Perrière, contenant cent Emblèmes moraux, illustrés de cent tetrastiques latins, réduitz en autant de quadrains françoys. *Lyon, Macé Bonhomme*, 1553, pet. in-8, texte et fig. sur bois dans un cadre, demi-rel. bas.

Première édition. Les entourages du texte ont été gravés par J. Moulnier et J. Perrin.

Exemplaire taché, raccommodé et très incomplet.

263. Pegma, cum narrationibus philosophicis. Auctore Petro Costalio. *Lugduni, apud Mathiam Bonhomme,* 1555, in-8, fig. sur bois dans un encadrement, parch.

Première édition de ce livre d'emblèmes dont l'auteur est Pierre Cousteau.

Le titre est manuscrit.

264. Emblemata cum aliquot nummis antiqui operis, Joannis Sambuci. *Antuerpiæ, Chr. Plantinus*, 1564, in-8, titre encadré, fig. sur bois, vél.

Première édition.

Exemplaire incomplet d'un grand nombre de feuillets.

265. Symbola heroica M. Claudii Paradini, Bellicocensis canonici, et D. Gabrielis Symeonis. Multo quam antea fidelius de gallica lingua in latinam conversa. *Antuerpiæ, ex officina Christophori Plantini*, 1567, in-16, fig. sur bois, bas. ant. comp. dor.

Première édition de la traduction latine publiée par Plantin avec les emblèmes de Symeon.

On a relié à la fin du volume des fragments d'un *Liber Amicorum*, ayant appartenu à David Claudus et portant les dates de 1573-74.

266. Devises héroïques et Emblèmes de M. Claude Paradin. Reveües et augmentées de moitié par Messire François d'Amboise. *Paris, Rolet Boutonné*, 1622. — Discours ou Traicté des devises. Où est mise la raison et différence des Emblèmes, Énigmes, Sentences et autres, par Adrian d'Amboise. *Paris, Rolet Boutonné*, 1620. — Devises royales par Adrian d'Amboise. *Paris, R. Boutonné*, 1621. — Ens. 3 ouvrages en 1 vol. in-8, front. fig. gr. sur cuivre, vél.

267. Emblèmes ou Devises chrestiennes composées par Damoiselle Georgette de Montenay. *A La Rochelle, par Jean Dinet*, 1620, in-8, fig. dérel.

Volume recherché pour les figures de P. Woeiriot dont il est orné. Exemplaire incomplet des planches 19, 24, 28, 38, 44, 48, 67, 70, 77, 83, 88 et 98; mouillures, ff. remmargés.

268. Variarum lectionum selecta, figuris æneis applicata, per Joannem a Nyenborg. *Groningæ Frisiorum, apud Jacobum Sipkes*, 1660, in-12, vign. sur le titre et fig. vél.

Cet ouvrage est orné de jolies et curieuses figures allemandes gravées sur cuivre. Quelques-unes sont signées H. Goltius.

269. Het Leerzaam Huisraad vertoond in vystig konstige Figuuren met godlyke spreuken en stichtelyke verzen door

Jan Luiken. *Te Amsteldam, Arentz en Vander Sys*, 1711, in-8, front. et fig. vél.

Jolies figures en taille-douce de Jean Luyken.
Taches.

270. Devises et emblesmes d'Amour moralisez, gravez, par Albert Flamen. *A Paris, chez Estienne Loyson*, 1672, pet. in-8, titre et 50 planches gravées, v. ant. gran.

La planche 39 est doublée.

271. Dialogo dell' imprese militari et amorose di monsignor Giovio Vescovo di Nocera et del S. Gabriel Symeoni Fiorentino. Con un ragionamento di M. Lodovico Domenichi, nel medesimo soggetto. Con la tavola. *In Lyone, appresso Guglielmo Rovillio*, 1574, in-8, car. ital. portr. fig. sur bois, v. ant. gran.

Jolie édition formée de la réunion des ouvrages de Paul Jove et de Symeoni.

Le titre a été gratté au milieu et est même légèrement déchiré, mais sans endommager le portrait qui est au verso.

272. Le Imprese illustri del Sor Jeronimo Ruscelli. aggiuntovi nuovamente il quarto libro da Vincenzo Ruscelli da Viterbo. *In Venetia, appresso Francesco de Fraceschi Senesi*, 1584, in-4, fig. demi-rel. vél.

Édition la plus complète de ce curieux volume dédié au prince de Gonzague, duc de Mantoue, orné de grandes planches et de vignettes gravées sur bois.

273. Gli Artifitiosi et curiosi Moti spiritali di Herrone. Tradotti da M. Gio. Battista Aleotti d'Argenta. *In Ferrara*, 1589, 2 parties en 1 vol. in-4, fig. parch.

Mouillures.

274. I Dialoghi piacevoli, le vere narrationi, le facete epistole di Luciano philosopho, di greco in volgare tradotte per M. Nicolo da Lonigo ; & historiate, & di nuovo accuratamente reviste, et emendate. *In Venetia, per Giovanni Padoano*, 1551, in-8, car. ital. fig. sur bois, vél. dérel.

Raccommodages, piqûres de vers.

VII. ÉPISTOLAIRES. — POLYGRAPHES.

275. C. Plinii Secundi Novocòmensis, epistolarum libri X. Euisdem Panegyricus Traiano dictus. Euisdem de viris il-

lustribus. Suetonii Tranquilli de clariss grāmaticis et rhetorib' quibus adiectus est index. Iulii Obsequentis Prodigiorum liber. Latina interpretatio dictionum et sententiarum græcarum, quibus Plinius utitur. *Parisiis, ex officina Roberti Stephani*, 1529, in-8, v. br. ant. comp. à fr.

Exemplaire réglé.

276. Lettere volgari di diversi nobilissimi huomini, et eccelentissimi ingegni, scritte in diverse materie, nuovamente ristampate, & in piu luoghi corrette. *Vinegia, Aldi filii*, 1549, 2 parties en 1 vol. in-8, car. ital. vél.

Recueil composé par les frères Manuce. Plus tard (en 1564) parut une troisième partie recueillie par Alde le jeune.
Raccommodages au titre et taches.

277. Delle Lettere volgari di diversi nobilissimi huomini, et eccelentissimi ingegni scritte in diverse materie, con la giunta del terzo libro, nuovamente ristampate, & in piu luoghi corrette. *In Venetia, Aldus*, 1567, 3 vol. in-8, car. ital. vél.

Recueil formé par Paul et Ant. Manuce et Alde le jeune.
Taches, mouillures, piqûres de vers.

278. Supplimento delle piacevoli, ingeniose et argutissime lettere indrizzate a diversi, sotto varii et bellissimi discorsi, nello antico volgare idioma composte, & dichiarite con moralissimi vocaboli per M. Andrea Calmo. *In Vinegia, appresso Stefano de Alessi*, 1552, in-8, car. ital. dérel.

PREMIÈRE EDITION.

279. Delle Lettere facete et piacevoli di diversi grandi huomini et chiari ingegni raccolte per M. Dionigi Atanagi, libro primo. *In Venetia*, 1561, pet. in-8, car. ital. v. br. ant.

PREMIÈRE ÉDITION de ce recueil facétieux et fort curieux renfermant plusieurs nouvelles. La seconde édition de ce premier livre est inférieure à la première parce qu'on en a mutilé et même retranché entièrement plusieurs lettres.

280. Delle Lettere facete et piacevoli di diversi grandi huomini, et chiari ingegni scritte sopra diverse materie raccolte per M. Francesco Turchi. Libro secundo. *In Venetia*, 1575, in-8, car. ital. vél.

PREMIÈRE ÉDITION du second volume qui paraît avoir été imprimée par Andrea Muschio, imprimeur à Venise. On la joint à la collection des Alde.

281. Del Primo Libro delle lettere di M. Pietro Aretino. Editione seconda con giunta de lettere XXXXIIII scrittegli dai primi spirti del mondo. (A la fin :) *In Venetia, per Francesco Marcoli da Forli*, 1542, pet. in-8, parch.

Cette édition du premier livre des lettres de l'Arétin est considérablement augmentée ; c'est la première complète.

282. Libro secundo delle lettere scritte al signor Pietro Aretino da molti signori, communità, donne di valore, poeti & altri eccelentissimi spiriti. *Venetia, Francesco Marcolini*, 1551, in-8, vél. fil. et milieu dor. (*Rel. anc.*)

Rare.

---

283. Les Œuvres latines et françoises de Nicolas Rapin, Poictevin, grand prévost de la Connestablie de France. Tombeau de l'autheur avec plusieurs éloges. *A Paris, chez Olivier de Varennes*, 1610, 2 parties en 1 vol. in-4, demi-rel. vél.

284. Oraisons funèbres, par J.-B. Bossuet, évêque de Meaux. — Discours sur l'histoire universelle à Monseigneur le Dauphin. 2 tomes en 1 vol. — *Londres, Samuel Bagster*, 1807. — Ens. 2 vol. in-8, demi-rel. bas.

Exemplaire en PAPIER VÉLIN.

285. Collection de poésies, romans, chroniques, réimprimés en fac-similé. *Paris, Silvestre et Potier*, 1840-1858, 4 vol. in-16, cart. dos de perc. non rog.

Miracle de la marquise Gaudine. — Le Roman de Œdipus. — Maistre Hambrelin. — Bigorne.

286. Collection des poètes et des écrivains français du moyen âge. *Paris, Aug. Aubry*, 1858-1863, 6 vol. in-8, demi-rel. mar. vert, tête dor. non rog.

Richard. La Conquête de Jérusalem. — Richard de Fournival. Le Bestiaire d'amour, fig. (Rel. pleine, tr. dor.) — R. de Beaujeu. Le Bel inconnu. — Garnier. Vie de saint Thomas. — Raoul. Messire Gauvain. — Amadas et Ydoine.

287. Collection des anciens monumens de l'histoire et de la langue française. *Paris, Crapelet*, 1830-1835, 4 vol. gr. in-8 et in-4, fig. et fac-similés, br. et rel.

Vers sur la mort, par Thibaud de Marly (2e édit.). — Combat des Trente (2e édit.). — Le Pas d'armes de la Bergère (2e édit.). — Les Cérémonies des gages de bataille.

Exemplaires en GRAND PAPIER.

288. Ouvrages du XVIIIe siècle. Mélanges. *Paris*, 1863-1877, 5 vol. in-8, fig. vign. br.

Lettre de Barnevelt dans sa prison à Truman. — Blin de Sainmore. Lettre de Gabrielle d'Estrées. — Mercier. Le Faux Ami, drame. — Le Déserteur, drame. — Anecdotes de la bienfaisance, ou Annales du règne de Marie-Thérèse.

HISTOIRE

I. GÉOGRAPHIE. — HISTOIRE UNIVERSELLE. HISTOIRE DES RELIGIONS.

289. C. Julii Solini Polyhistor, seu rerum orbis memorabilium collectanea. Adiectus præterea in libri calce est index, summā totius pene operis carptim insinuans, ut studioso lectori facile inventu sit quod quærit atque deprompt u mendis quibus antehac scatebat pro virili expurgatis emaculastique. (A la fin:) *Coloniæ, apud Eucharium Cervicornum et Heronem Fuchs, anno MDXX* (1520), pet. in-4, titre encadré, demi-rel. mar. brun avec coins, tête dor.

Mouillures.

290. Claudii Ptolemæi Alexandrini Geographiæ octo græcolatini. Latine primum recogniti et emendati cum tabulis geographicis ad mentem auctoris restitutis per Gerardum Mercatorem tum vero ad græca latina exemplaria a Petro Montano iterum recogniti et pluribus locis castigati. *Sumptibus Cornelii Nicolaï et Judæi Hondii, Amsterodami, anno* 1605, in-fol. à 2 col. cartes gr. demi-rel. v.

Bonne édition.

291. Dionysius Halicarnaseus || de situ orbis. Prisciano interprete : a Christiano Sul||pino infinitis prope mendis purgatus. (A la fin:) *Venundantur Colonie in albo cuniculo, MDXVI* (1516), pet. in-4, goth. de 22 ff. demi-rel. mar. brun avec coins, tête dor.

292. Pompo||nii Melæ de situ or||bis, libri tres. *S. l. n. d.* in-4, dérel.

Edition du commencement du XVIe siècle imprimée en caractères ronds; elle comprend 44 ff. ch. de 28 lignes par page, 1 f. non ch. contenant une lettre de J. Camer datée de septembre 1512, et 12 ff. non ch. imprimés en caractères gothiques pour l'index. Le titre est entouré d'un bel encadrement gravé sur bois.

Exemplaire incomplet des deux derniers ff. de la table.

---

293. Fasciculus temporū. (A la fin :) *Explicit chronica que dicit Fasciculus tempor*ȝ *: edita* ꝑ *quendā carthusiēsem. Nunc secūdo* ‖ *emendata cum quibusdam additionib' : usq*ȝ *ad hec nostra tempora. Venetiis impressa, cura* ‖ *impensisq*ȝ *Erhardi ratdolt. de Augusta. Anno dñi MCCCCLXXX* (1480), in-fol. goth. de 68 ff. chiff. et 7 ff. de table, fig. sur bois, demi-rel. mar. grenat, tr. marb.

Une des plus belles et des plus anciennes éditions de ce livre ; c'est la première donnée par Ratdolt.

Manque le titre.

294. Liber Cronicarum (a Schedelio). (A la fin :) *Adest nunc studiose lector finis libri cronicarum per* ‖ *viam epithomatis* ꝛ *breviarii compilati opus qdem* ‖ *preclarum,* ꝛ *a doctissimo quoq*ȝ *comparandum. Continēt* ‖ *em gesta, quecūq*ȝ *sunt notatu digniora ab initio mūdi ad* ‖ *hanc usq*ȝ *tēporis nostri calamitatem. Castigatūq*ȝ *a viris* ‖ *doctissimis ut magis elaboratum in lucem prodiret. Ad in*‖*tuitū autem* ꝛ *preces providorū civiū Sebaldi Schreyer* ‖ ꝛ *Sebastiani Kamermaister hunc librum dominus Antho*‖*nius Koberger Nuremberge impressit. Adhibitis tamē vi*‖*ris mathematicis pingendiq*ȝ *arte peritissimis Michaele* ‖ *Wolgemut et Wilhelmo Pleydenwurff, quarū solerti acu*‖ *ratissimaq*ȝ *animadversione tum civitatum tum illustrium* ‖ *virorum figure inserte sunt consummatū autem duodeci* ‖ *ma mensis Julii Anno salutis ñre*, 1493, in-fol. goth. fig. sur bois, ais de bois recouvert de v. brun ant.

Édition originale de la *Chronique de Nuremberg* Cet ouvrage est orné d'une quantité considérable de grandes figures, cartes, portraits, emblèmes, généalogies gravés sur bois.

Exemplaire taché, cassé, mouillé et fortement raccommodé. Il manque 3 ff. prél. et les 5 ff. de planches. Quelques feuillets manquant sont remplacés par ceux d'une autre édition. La reliure est en mauvais état.

295. Le Premier (et second) Volume ‖ de la mer des histoires. Auquel & le second ensuyvāt ‖ est contenu tant du vieil testament que du nouveau toutes les hys‖toires Actes & faictz dignes de mémoire puis la création du mōde iusques en lan

mil cinq cens L selō la cotte & ditte des || ans. Ensemble les choses faictes et advenues en Frãce de||puis lan mil CCCCCXLIII iusques en ceste présente année. || Ainsi qu'il est briesvement narré es||prohesmes du présent volume. || *On les vend à Paris en la grant salle du || Palays au second pillier par Arnoul Langelier, s. d.* 2 tomes en 1 vol. in-fol. goth. titres encadrés et quelques fig. et vig. sur bois, demi-rel. vél.

On a ajouté à la fin du second volume un fragment d'une édition des *Annales et Chroniques de France*. (Règnes de François I et Henri II.) Raccommodages.

296. Le Promptuaire de tout ce qui est advenu plus digne de mémoire depuis la création du monde jusqu'à présent ; par Jean d'Ongoys Morinien. *A Paris, chez Jan de Bordeaux au Mont Saint-Hilaire, à l'enseigne de l'occasion*, 1579, in-16, fig. sur bois, vél.

Seconde édition beaucoup plus complète que la première de 1576.

---

297. Pauli principis de la Scala et Hun... primi tomi miscellaneorum, de rerum causis & successibus atque secretiori methodo ibidem expressa, effigies ac exemplar, nimirum vaticiniorum & imaginum Joachimi abbatis Florensis Calabriæ, & Anselmi episcopi Marsichani, super statu summorum Pontificum Rhomanæ Ecclesiæ, contra falsam, iniquam, vanam, confictam et seditiosam cuiusdam Pseudomagi, quæ nuper nomine Theophrasti Paracelsi in lucem prodiit, pseudo magicam expositionem, vera, certa et indubita explanatio. *Coloniæ Agrippinæ, ex officina typographica Theodori Graminæi*, 1570, in-4, fig. sur bois, vél.

298. Pauli Tertii Pont. Max. ad Carolum V. Imp. Epistola hortatoria ad pacem. Ipsius Caroli tum ad eam, tum ad alias eiusdem, Concilii convocatorias responsio. Francisci Christianiss. Francorum Regis, adversus ipsius Caroli calumnias, Epistola apologetica ad Paulum III. Pont. Max. scripta. *S. l. n. d.* (1543), pet. in-8, car. ital. vél.

Cachet sur le titre et au verso du dernier feuillet. Court de marges.

299. Pontificale romanum Clementis VIII. Pont. Max. jussu restitutum atque editum. *Romæ,* 1595, in-fol. à 2 col. impression rouge et noire, musique notée et nomb. gravures

sur bois, mar. r. dos orné, comp. tr. dor. et ciselée. (*Rel. anc. très fatiguée.*)

Quelques ff. sont raccommodés, curieuse reliure de l'époque portant les armoiries d'un cardinal sur les plats et dans la dentelle.

300. Alcuni Avertimenti nella vita monacale, utili, et necessarii a ciascheduna vergine di Cristo. Del R. P. F. Bonaventura Gonzaga Da Rego conventuale di San Francesco. Con la pistola di san Girolamo ad eustachio del modo di conservare la virginita. *In Vinetia*, 1568, pet. in-4, fig. sur bois, vél.

301. Mémoires pour servir à l'histoire de l'abbaye royale de Saint-André-le-Haut de Vienne par Claude Charvet, publiés pour la première fois sur le manuscrit par M. P. Allut. *Lyon, Scheuring*, 1868, in-8, vign. et fac-similés, mar. r. fil. à fr. dent. int. tête dor. non rog.

302. Legendario de sancti vulgar storiado. (A la fin :) *Finisse le legende de sancti composte per el reverendissimo padre frate Jacobo de Voragine del ordine de frati predicatori... stampate in Venetia per Bartolomeo di Zani nel MCCCC LXXXXIX* (1499), in-fol. 2 à col. fig. sur bois, vél.

Les figures sur bois qui ornent cet ouvrage sont assez curieuses et d'une grande naïveté.

Fortes taches. Mouillures et cassures.

303. Catalogus sanctorum, vitas, passiones, et miracula commodissime annectens, ex variis voluminibus selectus. Quem ædidit reverendissimus in Christo pater dominus Petrus de Natalibus Venetus. Dei gratia episcopus Equiliñ, simulque et cura non vulgari. Et emaculatæ quantum fieri potuit prælis nostris indidimus. *Lugduni, sub insigni Sphæræ, apud ægidium et Jacobum Huguetan fratres*, 1542, in-fol. goth. à 2 col. nombr. vignettes gravées sur bois, v. ant. marb.

Fortes mouillures.

304. De SS. Martyrum cruciatibus Ant. Gallonii Rom. congregationis oratorii Presbyteri Liber. *Romæ*, 1594, in-4, fig. demi-rel. bas.

Première édition de cette traduction latine recherchée pour les premières épreuves des planches d'Ant. Tempesta, qu'elle contient.

305. Les Saintes Métamorphoses, ou les Changemens miraculeux de quelques grands saints tirez de leurs vies par J. Baudoin. *A Paris, en l'imprimerie des nouveaux caractheres*

de P. Moreau, Me écrivain juré à Paris, 1644, pet. in-4, pl. gr. v. brun ant.

306. Transito vita miracoli et morte del glorioso santo Hieronimo. Nuovamente stampati. (A la fin :) *Stampato in Venetia per Bernardino de Bindoni Milanese, neli anni del nostro Signor, a di XVI Mazo*, 1543, in-12 de 102 ff. chiff. 1 f. de table non chiff. et 1 f. blanc, non relié.

Le titre, imprimé en noir et rouge, est orné d'une figure sur bois.

307. La Vie de S. Bernard, premier abbé de Clairvaux, divisée en six livres dont les trois premiers sont traduits du latin de trois célèbres abbés de son temps (Guillaume, abbé de S. Thierry de Reims; Bernard, abbé de Bonnevaux; et Geoffroy, religieux de Clairvaux), et contiennent l'histoire de sa vie, et les trois derniers sont tirés de ses ouvrages. *A Paris, chez Antoine Vitré*, 1648, in-4, portrait, bas. fatiguée.

308. Vita B. Joannis Sahaguntini. *S. l. n. d.* (1624), in-12, mar. r. tr. dor. (*Rel. anc.*)

Reliure à compartiments avec armoiries d'un cardinal.
Incomplet du titre.

309. La Vie de la vénérable mère Jeanne Françoise Fremiot, fondatrice, première mère et religieuse de l'ordre de la Visitation de saincte Marie, par Messire Henry de Maupas du Tour, evesque et comte Du Puy. *A Paris, chez Simon Piget*, 1644, in-4, vél.

Taches.

310. Vie de très haulte, très puissante et très illustre Dame Loyse de Savoye, Religieuse du couvent de Madame saincte Claire d'Orbe, escripte en 1507 par une religieuse, précédée d'une notice et suivie de documents et de notes historiques par l'abbé A. M. Jeanneret. *Genève, J. Guill. Fick,* 1860, in-8, portr. demi-rel. mar. orange avec coins, dos orné, fil. tête dor. ébarbé.

Exemplaire en papier vergé teinté.

311. Scelta d'alcuni miracoli e grazie della santissima nunziata di Firenze, descritti dal P. F. Gio. Angiolo Lottini. *Firenze, nella stamperia de Landi*, 1636, in-4, titre et planches gravés, demi-rel. bas.

Ouvrage recherché à cause des gravures dont il est orné, lesquelles, pour la plupart, sont gravées par Jacques Callot.
Quelques planches sont doublées.

312. Imagines Deorum, qui ab antiquis colebantur : in quibus simulacra, ritus, cærimoniæ, magnaq. ex parte veterum religio explicatur : olim a Vincentio Chartario Rhegiensi ex variis auctoribus in unum collectæ, atque italica lingua expositæ : nunc vero ad communem omnium utilitatem latino sermone ab Antonio Verderio, Domino Vallisprivatæ, etc. expressæ, atque in meliorem ordinem digestæ. *Lugduni, apud Steph. Michælem*, 1581, in-4, fig. vél.

Première édition de la traduction latine de l'ouvrage de Cartari, recherchée pour ses figures.
Taches de moisissure et fortes mouillures.

313. Deorum Dearumque capita ex antiquis numismatibus Abrahami Ortellii collecta, et historicâ narratione illustrata a Francisco Sweertio. *Antuerpiæ, apud J.-B. Vrintium*, 1612, in-4, fig. gr. demi-rel. v. vert avec coins.

Le titre est manuscrit et la figure du dieu Canopus est remontée.

314. Le Vere e nove Imagini degli Dei delli Antichi di Vicenzo Cartari Reggiano. *In Padova, appresso Pietro Paolo Tozzi*, 1615, in-4, fig. vél.

Édition contenant les notes et l'*Aggiunta* de Lorenzo Pignoria; elle est augmentée de nouvelles planches en taille-douce qui la font rechercher.
Fortes taches.

315. Discorso della religione antica de Romani, composto in franzese dal S. Guglielmo Choul, Gentilhuomo Lionese et Bagly delle Montagne del Delsinato. Insieme con un' altro simile discorso della castrametatione et bagni antichi de Romani, tradotti in toscano da M. Gabriel Simeoni Fiorentino. *In Lione, appresso Gugl. Rouillio*, 1559, in-fol. fig. mar. violet, comp. tr. dor. et ciselée. (*Rel. anc.*)

Belle reliure de l'époque un peu fatiguée.

II. HISTOIRE ANCIENNE.

316. Justin (en allemand). *S. l. n. d.* in-fol. goth. de CXIX ff. fig. sur bois, peau de truie avec comp. à fr. armoiries.

Taches, mouillures et raccommodages.
La reliure est datée de 1553.

317. Diodoro Siculo delle antique historie fabulose nova-

mente fatto volgare, & con summa diligentia stampato. *In Venetia, per Gabriel Iolito de Ferrarii*, 1542, in-8, titre encadré, car. ital. vél.

Taches. La marge inférieure du titre est coupée.

318. Varhafftige Histori || und Beschreibung von dem Troiani || schenkrieg und Zerstörung der Stat Troie || Durch die hochgeachtē Geschichtschreiber Dyctyn Cretensem ūn Da || rem Phrygium erstlich in griechischer Sprach beschribē darnach || Latein ūn ietzund newlich durch Marcum Tatium. Aus dē || Latein ins Teütch verwandelt vormals nie gesehen || mit durch auf schönen Figuren gezieret. MDXL. (A la fin :) *Gedruckt und volendet inn der Kayserlichen Statt Augspurg durch Haynrich Stayner, MD XXXX* (1540), in-fol. goth. de 11 ff. prél. et 82 ff. chiff. fig. sur bois, vél.

Cette traduction allemande n'est pas mentionnée par Brunet.
Il manque 3 ff. dans le corps du vol. Mouillures.

319. L'Histoire de Thucydide Athenien, de la guerre qui fut entre les Peloponnesiens et Atheniens, translatée de grec en françois par feu Messire Claude de Seyssel, evesque de Marseille et depuis archevesque de Turin. — Les Histoires universelles de Trogue Pompée, abbregées par Justin, historien, translatées de latin en françois (par le même). — *A Paris, de l'imprimerie de Mich. Vascosan*, 1558-1559. — Ens. 2 ouvrages en 1 vol. in-fol. bas. fatiguée.

320. Quintus Curtius de rebus gestis Alexandri Magni, regis Macedonum, cum annotationibus Des. Erasmi Roterodami. *Parisiis, apud Simonem Colinæum*, 1533, in-8, bas.

321. Tito Livio volgarizzato (da Ruggiero Ferrario). *In nel anno.... MCCCCLXXVI fu impressa la presente deca in nella citta di Roma apṗsso al palatio di sā Marco* (*per Udalrico Gallo*) (1476), in-fol. de 7 et 174 ff. à 2 col. de 55 lignes, sans ch. récl. ni signatures, dérel.

Première édition de cette version italienne. Tome I seul sur trois.
Le vi[e] f. prél. qui, dans certains exemplaires est blanc, contient ici une dédicace de *Luca di Giovanni Bonacorsi Cartolaio à Giovene Bernardo di Nicolo Cambini*.
La première page est ornée de fleurs et d'un écusson peints (miniature italienne du xve siècle).
Piqûres de vers.

322. Romische || historien || Titi Livii || mit etlichen newē

Trans || latiō / so kurtzuerschie || nen jaren im hohē thum || Styfft zu Mentz in la || tein / erfunden / und vor || hyn nit mer gesehen || Davon such imendt || des Registers. (A la fin du folio 410 :) *Getruckt unnd Geendet zu Mentz durch || Johann̄ Schoeffer : nach Christi un || sersz hern̄ū geburt : Tausent funffhundert und zwen || tzig drey Jare*, (1523) in-fol. goth. de 420 ff. chiff. et 13 ff. de table non chiff. grandes figures et vignettes sur bois, ais de bois recouverts en v. brun, comp. à froid. (*Rel. de l'époque.*)

Troisième édition de la version allemande, très rare.

323. Caii Julii Cæsaris invictis||simi īperatoris cōmentaria : seculorū injuria antea dif||ficilia : & valde mēdosa. Nunc primū a viro docto|| expolita : & optime recognita. Additis de no||vo apostillis : Una cū figuris suis locis apte || dispositis. Nec nō regulata tabula ꝙ oīa || loca, flumina, mōtes, urbes, oppida, || īfinita ꝑlia, & quæq; digna || cognitu mirifice de||monstrat. (A la fin :) *Impressa mira diligentia Venetiis, per Augustinū de Zannis de Portesio, anno MDXVII* (1517), in-fol. vign. sur le titre dans un cadre en rouge, titre en r. et noir, vign. sur bois, cart. dos de vél.

Fortes mouillures. Raccommodages.

324. I Commentari di C. Giulio Cesare, con le figure in rame de gli alloggiamenti, de' fatti d'arme, delle circonvallationi delle citta, et di molte altre cose notabili descritte in essi fatte da Andrea Palladio per facilitare a chi legge, la cognition dell' historia. *In Venetia*, 1575, in-4, planches gravées, demi-rel. chag. violet.

Édition recherchée pour les gravures dont elle est ornée.
Raccommodage au titre.

325. La Historia Augusta da Giulio Cesare infino a Costantino il Magno. Illustrata con la verita delle antiche medaglie da Francesco Angeloni. *In Roma*, 1641, in-fol. titre et planches de médailles gravés, v. ant. marb.

326. Dione. Historico delle guerre et fatti de Romani : Tradotto di greco in lingua vulgare, par M. Nicolo Leoniceno. Con le sue figure a ogni libro, opera nuovamente venuta in luce, ne piu in lingua alcuna stampata. (A la fin :) *Impresso in Vinegia per Nicolo d'Aristotilo di Ferrara detto Zoppino, nell' anno di nostra salute*, 1532, in-4, fig. sur bois, vél.

III. HISTOIRE DE FRANCE.

327. Compēdium Roberti Guaguini super Francorum gestis. (A la fin :) *Preclarissimum hoc de francorum gestis compendiū multis notatu dignissimorum additionibus libriq; unius accessione locupletatum et non segni accuratione a mēdis tersum impressit rursus diligens ac peritus chalcographius Anthonius bōnemere in inclyto Parisiorum gymnasio in vico divi Johannis beluacensis. Anno domini millesimo quingentesimo decimoquarto die vero XII Julii* (1514), in-8, titre avec gravures sur bois, bas. fatiguée.

Une partie du dernier feuillet est enlevée.

328. Aquila inter lilia sub qua francorum Cæsarum a Carolo magno usque ad Conradum imper. occid. X. elogiis, hieroglyphicis, numismatibus, insignibus, symbolis, fasta exarantur... Auctore Joanne Palatio. *Venetiis, Herz,* 1671, in-fol. front. vign. sur le titre, pl. fig. et vign. peau de truie.

329. Les Treselegantes et copieuses Annales et croniques, des treschrestiens et excellens moderateurs des beliqueuses Gaulles, depuis la triste desolation de la tresinclyte et fameuse cité de Troyes iusques au temps du Roy Loys unzieme iadis composées par feu..... Maistre Nicole Gilles et depuis additionnées selon les modernes historiens, iusques en l'an mil cinq cens cinquante et un. Nouvellement reveues et corrigées sur les anciens originaulx, etc. *On les vend a Paris en la rue S. Jaques*, 1551, in-fol. fig. sur bois, bas.

Mouillures, titre remonté et cassure.

330. La Chronique des Roys de France, puis Pharamond iusques au roy Henry, second du nom, selon la computation des ans, iusques en l'an mil cinq cens quarante et neuf. Le catalogue des Papes, puis S. Pierre iusques à Paul, tiers du nom. Catalogue des Empereurs, puis Octavian Cesar iusques a Charles V du nom. *Paris, Galiot du Pré*, 1550, in-8, 3 portr. gravés sur bois, v. brun ant.

Ouvrage attribué à Jean Du Tillet.

331. Annales de la Monarchie française par M. de Limiers. *A Amsterdam, chez l'Honoré et Chatelain*, 1724, 3 parties en

2 vol. in-fol. tableaux généalogiques et pl. gravées, v. ant. comp. dos orné, tr. dor.

332. Nouvel Abrégé chronologique de l'histoire de France contenant les événements de notre histoire, depuis Clovis jusqu'à la mort de Louis XIV (par le président Hénault). Quatrième édition. *Paris*, *Prault*, 1752, in-4, vign. et fleurons, v. ant. marb.

333. Meslanges historiques, ou Recueil de plusieurs actes, traictez, lettres missives et autres mémoires qui peuvent servir en la deduction de l'histoire, depuis l'an 1390 iusques à l'an 1580. Est adjousté un ancien formulaire pour les secrétaires du Roy, maison et couronne de France, avec les chartres expédiées en faveur de leur collège. *Troyes*, *Noel Marceau*, 1619, in-8, v. ant. marb.

Édition originale de ce recueil rare composé de pièces sur l'Histoire de France, publiées par le savant Nic. Camuzat.

Il contient : *Mémoires ou mélanges historiques*, deux parties de 74 et 227 ff. — *Recueil sommaire des Etats de Blois*, 73 ff. — *Mémoire militaires de sieur de Mergey*, 26 ff. — *Extrait du registre des lettres écrites par M. de Petremol, ambassadeur à la Porte de* 1561 *à* 1566, 12 ff. — *Mémoires du sieur Richer, ambassadeur en Suède et en Dannemark, sous les rois François I*er *et Henri II*, 22 ff.

Ces deux dernières pièces manquent dans la plupart des exemplaires. Quelques mouillures.

334. Histoire de nostre temps. Faite en latin par maistre Guillaume Paradin et par lui mise en françois. Depuis par luy-mesme revue et augmentée. *Lyon*, *Jean de Tournes*, 1552, in-16, v. brun ant.

Fortes taches. Mouillures.

335. Les Amours de Catherine de Bourbon, sœur du roi, et du comte de Soissons, par Mme Alice Hurtrel. *Paris*, *Hurtrel*, 1882, in-16, fig. et vign. br.

336. La Vie de messire Gaspar de Coligny, seigneur de Chastillon, amiral de France. Augmentée de quelques annotations et de plusieurs pièces du temps servants à l'histoire. *Amsterdam* (*Genève*), *pour les héritiers Commelin*, 1643, 2 parties en 1 vol. in-4, dérel.

Cette traduction a été donnée par François Hotman. Quant au texte latin on l'attribue soit à celui-ci, soit à Jean de Serres ou Jean de Villiers Hotman.

337. Médailles du règne de Louis XV, par Godonnesche. *S. l.*

n. d. pet. in-fol. titre dédicace et 53 pl. gr. non sig. demi-rel. bas.

338. Le Premier Livre des Mémoires des comtes héréditaires de Champagne et de Brie. Auquel est traicté de l'origine des Ducs, Comtes, Palatins, Pairs, Sénéchaux, Advouez, Vidames, et autres choses que ce subiect particulier a communes avec le général de la France (par P. Pithou). *Paris, Mamert Patisson*, 1581, in-8, pl. de généalogie pliée, dérel.

339. Recherches sur les antiquités de la ville de Vienne par Nicolas Chorier; nouvelle édition conforme à celle de 1659, revue corrigée et considérablement augmentée (par M. Cochard). *A Lyon, chez Millon*, 1828, in-8, front. demi-rel. bas.

Exemplaire en PAPIER ROSE.

340. Chronique de Savoye, reveue et nouvellement augmentée par M. Guillaume Paradin, Doyen de Beaujeu, avec les figures de toutes les alliances des mariages qui se sont faicts en la maison de Savoye, etc. *A Lyon, par Ian de Tournes*, 1561, in-fol. fig. de blason, v. brun ant.

Seconde édition plus complète que la première.

341. Philiberti Pingonii Sabaudi, Augusta Taurinorum. *Taurini, apud hæredes Nicolai Bevilaquæ*, 1577. — Inclytorum Saxoniæ sabaudiæq. principium arbor gentilitia, Philiberto Pingonio authore. *Augustæ Taurinorum apud hæredes Nicolai Bevilaquæ*, 1581, portraits et cartouches sur bois. — Ens. 2 ouvrages en 1 vol. in-fol. demi-rel. bas.

Mouillures.

IV. HISTOIRE DES PAYS ÉTRANGERS.

342. Della Guerra di Fiandra composta da Famiano Strada, della comp. di Giesu, volgarizzata da Carlo Papini dell'itessa comp. con le figure. *In Roma, appresso Facciotti*, 1638, in-4, front. et planches gravées, demi-rel. bas.

343. Histoire métallique de la république de Hollande, par M. Bizot. *Paris, Dan. Hortemels,* 1687, in-fol. front. de Séb. Leclerc, fig. de médailles, vign. et culs-de-lampe, v. ant. marb.

344. Histoire de Guillaume III, prince d'Orange, par médailles, inscriptions, arcs de triomphes et autres monuments publics, recueillis par N. Chevalier. *Amsterdam*, 1692. — Histoire abrégée des provinces unies des Païs-Bas, où l'on voit leurs progrès, leurs conquêtes, leur gouvernement et celui de leurs compagnies en Orient et en Occident, etc. *A Amsterdam*, 1701. — Ens. 2 vol. in-fol. planches, v. brun ant.

345. Blondi Flavii forliviensis, de Roma triomphante libri decem, priscorum scriptorum lectoribus utilissimi, ad totiusq; romanæ antiquitatis cognitionem pernecessarii. *Parisiis apud Simonem Colinæum*, 1533, in-8, v. brun ant. fil. milieux dor. tr. dor.

346. Historia del popolo fiorentino. (A la fin :) *Fine del duodecimo & ultimo libro della historia dal popolo fiorentino composta da messer Lionardo Aretino in latino, et tradocta ĩ lingua tosca da Donato Acciaioli.... Impresso a Vinegia per lo diligente huomo Maestro Iacomo de Rossi di natione gallo : nell' anno del M.CCCC.LXXVI* (1476). — Prohemio di Iacopo di messer Poggio allo illustrissimo signor Federico da Montefeltro nella historia fiorentina di messer Poggio suo padre et tradocta dalvi di latino in lingua fiorentina. (A la fin :) *Impresso Avinegia per maestro Jacopo de Rossi neli anni M.CCCC.LXXVI* (1476). — Ens. 2 ouvrages en 1 vol. in-fol. cuir de Russie. (*Rel. anc. avec armoiries.*)

Éditions originales de ces deux ouvrages.
Le titre du premier ouvrage manque. Feuillets tachés et raccommodés. Quelques mouillures. Notes marginales manuscrites.

347. Historie (fiorentine) di Nicolo Machiavegli cittadino, & secretario fiorentino, al sanctissimo et beatissimo Padre signore nostro Clemente VII. *In Venetia, per Comin de Timo*, 1540, in-8, car. ital. v. brun ant. fil. et comp. à fr. milieu dor.

Bonne édition.
Mouillures.

348. Della Historia Vinitiana di M. Pietro Bembo card. volgarmente scritta libri XII. *In Vinegia*, 1552, in-4, vél.

Première édition de la traduction italienne de cette histoire.
Mouillures.

349. Lettres sur la Sicile à propos des événements de Juin et

de Juillet 1860, par M. Viollet-le-Duc. *Paris, Chamerot*, 1860, in-8, demi-rel. mar. r. avec coins, fil. tête dor. non rog.

350. Dell'Historie di Siena del signor Giugurta Tommasi. *In Venetia*, 1625, in-4, portr. vél.

Le titre de la seconde partie manque.

351. Philippi Cluveri Germaniæ antiquæ libri tres. Opus post omnium curas elaboratissimum, tabulis geographicis et imaginibus, priscum Germanorum cultum moresque referentibus exornatum adjectæ sunt Vindelicia et Noricum ejusdem auctoris. *Lugduni Batavorum, apud Lud. Elzevirium*, 1616, pet. in-fol. titre et cartes gravés, bas.

PREMIÈRE ÉDITION ELZEVIRIENNE.

352. Der Œsterreichischer Fürsten geschicht Beschreibung durch Gerardum de Roo. des Durchleüchtigsten Fürsten und Herrn, Herrn Ferdinandi Ertzherzogen zu Œsterreich, Herzogen zu Burgund, Bibliothecarium, hernach mahls an vielen Orthen verbeszert und vermehret von Conrad Dietz von Weidenberg. *Im Jahr Christi* (?), 1592, in-fol. portr. fig. de blasons gr. sur bois, demi-rel. bas.

Ouvrage rare. La date de 1592 se trouve sur le titre qui est refait à à la plume, mais Brunet ne donne comme traduction allemande de cet ouvrage (l'original est écrit en latin) qu'une édition d'*Augsbourg*, 1621. On a ajouté à la fin un fragment d'ouvrage in-fol. contenant 8 pl. d'armoiries gr. sur cuivre, des princes et provinces d'Allemagne et d'Autriche.

Fortes mouillures.

353. Der Statt Fryburg im Pris||gow Statuten und Stattrechten. *S. l. n. d.* (A la fin :) *Nüw Statuten gesetzte und Stattrecht der Statt Fryburg in Priszgow... furgenomē und angegangen...* 1520, *und nachmals zu drucken bewolben und vollendet durch Adam Petri im obgemeltem iare*, in-fol. goth. fig. sur bois au recto et au verso du titre et arbre généalogique plié, ais de bois recouvert à moitié de peau de truie avec comp. à froid.

12 ff. prél. et 97 ff. chiff.

Le premier feuillet manque. Mouillures, piqûres de vers, cassures et déchirures.

354. Angleterre ancienne, ou Tableau des mœurs, usages, armes, etc. des anciens habitans de l'Angleterre. Ouvrage traduit de l'anglais de M. Joseph Strutt, par M. B*** (Bon-

iard). *Paris, Maradan,* 1789, 2 vol. in-4, dont 1 de pl. en fac-similé, demi-rel. bas.

355. Historia de Gentibus septentrionalibus, authore Olao Magno. *Antverpiæ, ex officina Christophori Plantini,* 1558, pet. in-8, fig. sur bois à mi-page, v. f. ant. dos orné. (*Padeloup.*)

356. Olai Magni historia de gentibus septentrionalibus. *S. l. n. d.* in-4, fig. sur bois, demi-rel. bas.

Fragment commençant à la page 121 et se terminant à la page 628.

357. Mœurs et usages des Turcs, avec un abrégé de l'histoire ottomane par M. Guer. *Paris, Coustelier,* 1746, 2 vol. in-4, fig. de Boucher et Hallé, v. ant. marb.

Première édition.

358. Athènes décrite et dessinée par Ernest Breton, suivie d'un voyage dans le Peloponèse. *Paris, Gide,* 1862, in-8, fig. et plans, demi-rel. chag. vert.

359. L'Algérie ancienne et moderne par Léon Galibert, vignettes par Raffet et Rouargue frères. *Paris, Furne,* 1844, gr. in-8, fig. et carte, demi-rel. mar. grenat avec coins, dos orné, fil. tête dor. ébarbé.

Premier tirage, sauf le titre qui est changé, illustré de nombreux bois dans le texte, de planches gravées sur acier et de types militaires coloriés.

V. ARCHÉOLOGIE. — BIOGRAPHIE. — BIBLIOGRAPHIE. MÉLANGES.

360. La Science héroïque, traitant de la noblesse de l'origine des armes, etc. par Marc de Vulson, sieur de La Colombière. *S. l. n. d.* in-fol. planches de blasons, demi-rel. bas.

Incomplet du titre et de quelques feuillets de table.

361. Commentaires hieroglyphiques ou Images des choses de Ian Pierius Valerian.... Plus deux livres de Cœlius Curio touchant ce qui est signifié par les diverses images et pourtraits des dieux et des hommes, mis en françois par Gabriel Chappuys Tourangeau. *A Lyon, par Barthélemy Honorat,* 1576, in-fol. vign. gr. sur bois, bas.

Première édition de la traduction française, ornée de curieuses figures dont quelques-unes sont un peu libres.

362. La Vie privée des anciens, texte par R. Ménard, dessins d'après les monuments antiques par Ch. Sauvageot. *Paris, Morel*, 1880-1883, 4 vol. in-8, fig. br.

363. J. Lipsi Saturnalium sermonum libri duo, qui de gladiatoribus noviter correcti, aucti, et formis æneis illustrati. *Antuerpiæ, apud Christophorum Plantinum*, 1585, in-4, planches gravées, non relié.

Incomplet du cahier c (pp. 17 à 24).

364. Justi Lipsi De Amphitheatro liber. In quo forma ipsa loci expressa et ratio spectandi cum æneis figuris. *Antuerpiæ, apud Christophorum Plantinum*, 1585, in-4, grandes planches pliées, demi-rel. mar. brun avec coins, dos orné, tête dor.

365. Funérailles et diverses manières d'ensevelir des Rommains, Grecs, et autres nations, tant anciennes que modernes, descrites par Claude Guichard, docteur es droits. *Lyon, Jean de Tournes*, 1581, in-4, titre encadré et fig. sur bois, v. f. ant. dos orné, fil. tr. dor. (*Padeloup.*)

366. Fastos magistratuum et triumphorum romanorum ab urbe condita ad Augusti obitum ex antiquis tam numismatum quam marmorum monumentis restitutos. S. P. Q. R. (sancto populo Quiritum romano) Hubertus Golzius herbipolita veulonianus dedicavit. *Brugis Flandrorum*, 1566, in-fol. titre et pl. gr. v. brun ant.

Édition originale contenant le meilleur état des planches.

367. Histoire des grands chemins de l'Empire romain, par Nic. Bergier, advocat au siège présidial de Reims. *A Paris, chez C. Morel*, 1622, in-4, titre-front. dessiné et gravé par G. Baussonnet, vél.

368. Lazari Bayfii Annotationes in L. II. De captivis, et postliminio reversis in quibus tractatur de re navali. Eiusdem annotationes in tractatum de auro et argēto leg. quibus vestimentotū et vasculorum genera explicantur. Antonii Thylesii de coloribus libellus, a coloribus vestium non alienus. *Parisiis, in officina Rob. Stephani*, 1536, 2 parties en 1 vol. in-4, fig. sur bois, vél.

Première édition de ce recueil publié par Ch. Estienne. Lazare Baïf est le père du poète Jean-Antoine Baïf.

Le titre et les ff. preliminaires manquent.

369. Historia utriusque belli dacici a Trajano Cæsare gesti, ex simulachris quæ in columna eiusdem Romæ visuntur collecta. Auctore F. Alfonso Ciacono hispano. *Romæ, apud Fr. Zanettum*, 1576, in-fol. grandes planches doubles gravées. montées sur onglets, vél.

PREMIÈRE ÉDITION.

370. Dictionnaire des antiquités chrétiennes, par M. l'abbé Martigny. *Paris, Hachette*, 1865, in-8 à 2 col. vign. demi-rel. mar. vert, tr. marb.

---

371. Illu ‖ striu. Ima ‖ gines (par A. Fulvius). (A la fin : *Impressum Lugduni ædibus Antonii Blanchardi calcographi : Impensis honestorum virorum Johanis Monsnier et Francisci Juste. Anno a virginis partu MDXXIIII* (1524), pet. in-8, titre gr. texte encadré avec portr. sur bois à chaque page, dérel.

Déchirure au titre, mouillures et taches. Incomplet de quelques feuillets.

372. Prima (e secunda) Parte del prontuario dele medaglie de piu illustri & fulgenti huomini & donne, dal principio del mondo insino al presente tempo, con le lor vite in compendio raccolte. *Lione, Guglielmo Rovillio*, 1553, 2 tomes en 1 vol. fig. sur bois, vél.

Ouvrage orné de jolis portraits gravés en médaillons. Cette édition avec texte italien a été publiée en même temps que l'original latin. Raccommodages.

373. Pauli Jovii Novocomensis Episcopi Nucerini Elogia virorum bellica virtute illustrium, septem libris iam olim ab authore comprehensa, et nunc ex eiusdem musæo ad vivum expressis imaginibus exornata. *Petri Pernæ typographi Basil. opera ac studio*, 1597, in-fol. portraits gravés sur bois, demi-rel. v. brun.

374. Icones, Vitæ et Elogia imperatorum romanorum ex priscis numismatibus ad vivum delineatæ, et brevi narratione historica illustratæ per Hubertum Goltzium. Accessit modo Impp. romano-austriacorum series, ab Alberto II ad usque Ferdinandum III.... opera Casparis Gevartii. *Antuer-*

piæ, *typis Plantinianis*, 1678, in-fol. portr. sur bois impr. en brun, vél.

375. Icones sive imagines virorum illustrium, quorum fide et doctrina religionis et bonarum literarum studia, nostrâ patrumque memoria in Germaniâ præsertim, in integrum sunt restituta. Additis eorumdem elogiis diversorum auctorum ex secunda recognitione Nicolai Reusneri. *Argentorati*, *B. Jobinus*, 1590, in-8, portr. sur bois par Tob. Stimmer, demi-rel. bas.

Quelques mouillures.

376. Della novissima Iconologia di Cesare Ripa Perugino... Opera utile ad oratori, predicatori, poeti, pittori, scultori, etc... ampliata in quest' ultima editione... et arrichita d'altre imagini, discorsi, et exquisita correctione dal sig. Gio. Zaratino Castellini romano. *In Padova, per Pietro Paolo Tozzi*, 1625, 3 parties en 1 vol. in-4, vign. sur le titre, fig. sur bois, bas.

Quelques taches, mouillures, cassures et raccommodages.

377. Bocace des nobles maleureux. Nouvellement imprimé à Paris l'an mil cinq cens xxxviii. *On les vend à Paris en la rue Sainct-Jaque a lenseigne des deux cochetz.* (A la fin :) *Cy finist le neufviesme et dernier livre de Jehan Boccace des nobles hommes et femmes infortunez, trãslate de latin en frãcoys Nouvellement imprimé à Paris par Nicolas Couteau imprimeur, demourant audit lieu, et fut achevé de imprimer le penultime de Décembre mil D. xxxviii* (1538), in-fol. goth. à 2 col. lettres ornées, demi-rel. bas.

Raccommodages.

378. La Gallerie des Femmes fortes, par le P. Pierre Le Moyne de la compagnie de Jésus. *A Leiden, chez Jean Elsevier*, 1660, pet. in-12, front. et portr. v. ant. gran.

Jolie édition ornée de 20 portraits.
Hauteur : 123 mill.
Cachet sur le titre.

---

379. Marques typographiques, par M. L. C. Silvestre. *Paris, Renou et Maulde*, 1867, 2 vol. in-8, 1310 figures, cart. non rog.

380. Catalogue des livres composant la bibliothèque poétique

de M. Viollet-le-Duc avec des notes bibliographiques, biographiques et littéraires pour servir à l'histoire de la poésie en France. *Paris*, *Hachette*, 1843; *J. Flot*, 1847, 2 vol. in-8, br.

---

381. Tableaux accomplis de tous les arts libéraux, contenans brievement et clerement (*sic*) par singulière méthode de doctrine, une générale et sommaire partition des dicts arts, amassez et reduicts en ordre pour le soulagement et profit de la jeunesse par M. Christofle de Savigny. *A Paris, par Jean et François de Gourmont*, 1587, in-fol. planches gravées sur bois, demi-rel. chag. grenat.

Première édition de ce livre rare et recherché à cause des planches dont on attribue une partie des dessins à Jean Cousin.

Quelques raccommodages.

382. Vite de' sancti padri, composte per s. Hieronymus, etc. (? *Venise*, *vers* 1497), in-fol., fig. sur bois, mar. brun estampé. (*Rel. du temps*, *fatiguée.*)

Édition rarissime, non citée, ornée de plusieurs centaines de gravures sur bois, souvent d'origine florentine, et de beaux encadrements en tête de chacun des six livres.

Exemplaire incomplet des deux premiers feuillets et des quarante-cinq derniers chapitres.

383. Livres en lots.

TABLE DES DIVISIONS

		Nos.
THÉOLOGIE		1
SCIENCES ET ARTS		33
BEAUX-ARTS :		
I.	DESSIN. — PEINTURE. — GRAVURE. — RECUEILS DE GRAVURES.	73
II.	ARCHITECTURE. — ARTS DIVERS	116
BELLES-LETTRES :		
I.	LINGUISTIQUE. — RHÉTORIQUE. — POÈTES LATINS	140
II.	POÈTES FRANÇAIS	167
III.	POÈTES ITALIENS. — POÈTES ALLEMANDS	199
IV.	THÉATRE	225
V.	ROMANS ET CONTES	234
VI.	FACÉTIES. — SATIRES. — EMBLÈMES	254
VII.	ÉPISTOLAIRES. — POLYGRAPHES	275
HISTOIRE :		
I.	GÉOGRAPHIE. — HISTOIRE UNIVERSELLE. — HISTOIRE DES RELIGIONS	289
II.	HISTOIRE ANCIENNE	316
III.	HISTOIRE DE FRANCE	327
IV.	HISTOIRE DES PAYS ÉTRANGERS	342
V.	ARCHÉOLOGIE. — BIOGRAPHIE. — BIBLIOGRAPHIE. — MÉLANGES	360

Paris. — Typ. G. Chamerot, 19, rue des Saints-Pères. — 22778.

www.ingramcontent.com/pod-product-compliance
Ingram Content Group UK Ltd.
Pitfield, Milton Keynes, MK11 3LW, UK
UKHW022124260726
13993UKWH00003B/1228

9 782329 515403